Barbara Hobl

Unannehmbar-Sein

Barbara Hobl

Unannehmbar-Sein

Kindliche Identität im Dialog

VS VERLAG FÜR SOZIALWISSENSCHAFTEN

Bibliografische Information der Deutschen Nationalbibliothek
Die Deutsche Nationalbibliothek verzeichnet diese Publikation in der
Deutschen Nationalbibliografie; detaillierte bibliografische Daten sind im Internet über
<http://dnb.d-nb.de> abrufbar.

1. Auflage 2009

Alle Rechte vorbehalten
© VS Verlag für Sozialwissenschaften | GWV Fachverlage GmbH, Wiesbaden 2009

Lektorat: Kea Brahms

VS Verlag für Sozialwissenschaften ist Teil der Fachverlagsgruppe
Springer Science+Business Media.
www.vs-verlag.de

Umschlaggestaltung: KünkelLopka Medienentwicklung, Heidelberg
Umschlagbild: Susanne Probst-Marciniak
Druck und buchbinderische Verarbeitung: Rosch-Buch, Scheßlitz
Gedruckt auf säurefreiem und chlorfrei gebleichtem Papier
Printed in Germany

ISBN 978-3-531-16330-7

Inhalt

Lieber Cherome, Hansi, Kevin, Kevin, liebe Lea, lieber Marcel, Metin, Tim, liebe Vani und lieber Yekta, liebe Familien: Es war eine klasse ‚Wahnsinns-Zeit' mit Euch!

Danke Evi Grundner, Bereichsleitung des Wichern Zentrums, für die kreative Atmosphäre im Haus und Dein Vertrauen. Dank an Dr. Edith Wölfl, Rektorin der Wichern Schule für die 1a-Rückendeckung in einer schwierigen Phase. Dieses Projekt wurde finanziell unterstützt vom Förderverein Quicklebendig e.V., vielen Dank.

Liebe Susanne Probst-Marciniak, es freut mich sehr, dass Deine Bilder Teil dieses Buches sind. Danke für Deinen Blick.

Liebe Eltern im Bayrischen Obing und liebe Barbara Hasenöhrl in Wien: Unsere Fachdiskussionen ziehen gedankliche Heimatkreise, Danke fürs Mitlesen und –reden, das hat mir Freiheit verschafft, punkrock! Danke an Prof. Helga Bilden, Thomas Stadler und Prof. Christina Schachtner für die interessierten Fragen an dieses Projekt. Danke an Kea Brahms für die tolle Unterstützung von Verlagseite.

„... people have the power ...
... the power to dream ...“ (Patti Smith)

Vorwort

„Wie kommt es aber, dass der Geist des Träumenden immer so fehl greift, während der selbe Geist im Wachen so nüchtern, behutsam und in Bezug auf Hypothesen so skeptisch zu sein pflegt?" fragt sich Friedrich Nietzsche (2005, 33).

Ich lade Sie ein, in diesem Sinne meine ‚skeptischen Hypothesen' und ‚träumerischen Fehlgriffe' zu dem Phänomen Identität mitzuverfolgen.

Ich will Ihnen über den Entstehungsprozess dieses Buchs berichten, denn er hat etwas mit dem Inhalt zu tun, wie ich im Nachhinein verstanden habe.

Mir scheint, dass mich ‚Identität' immer schon beschäftigt. Die Gleichzeitigkeit von Ordnungen und Brüchen in unserer Welt, das eigenartige ‚Halbsein von Ich und Du' fasziniert und irritiert mich. Bei meinen bisherigen textlichen Auseinandersetzungen mit der Identitätsthematik näherte ich mich über individuelle Lebensgeschichten oder geriet ins Stocken und gab Textideen wieder auf.

Dieses Buch hat seinen Ausgang genommen in Erfahrungen, Ungereimtheiten und dem Gefühl, dass mir etwas Entscheidendes verborgen bleibt bezüglich meiner Arbeit als Psychologin und der dabei geteilten Lebenswelt mit meinen KlientInnen – Kinder im Grundschulalter und ihre Familien. Und wieder kam mir zunächst in den Sinn, ‚Identitätsgeschichten' dieser Kinder zu schreiben. Im Verlauf meiner forschenden Fragen und Wahrnehmungen, wandelte sich mein Vorhaben jedoch grundsätzlich: Mir wurde immer klarer, dass ich auf diesem Weg nicht das würde schreiben können, was mich bewegt. Es hätte bedeutet, von Anderen zu schreiben, über sie etwas festzustellen und sie damit identifizierbar zu machen. Ich hätte eine Außenperspektive eingenommen, gefragt „Wer bist Du?" und mich sozusagen ‚raus gehalten'. Das ‚Ich' wäre explizit nicht vorgekommen, meine Identität als Psychologin hätte ich unhinterfragt vorausgesetzt. Auch wenn ich zweifelsohne nach wie vor nicht weiß, wer ‚Ich' bin, habe ich ein Verständnis darüber entwickelt, das sich auf folgenden paradoxen Punkt bringen lässt: Ich weiß genauso wenig, wer ‚Du' bist/ist.

Warum ich beides nicht wissen kann und wie mein Nicht-Wissen gleichzeitig dennoch das an die Oberfläche bringt, was bis dahin für mich im Verborgenen geblieben ist, verfolgt dieses Buch. Seine Linie verläuft als Suche nach Mechanismen, die uns Identitätsgrenzen ziehen lässt; als Hinterfragung von Grenzbewegungen, über die wir Ordnungen (und Brüche) in die Identitäten bringen.

Statt konkreten Erzählungen ist eine abstrakte Gedankenreise entstanden, aber: In der Abstraktion stecken meine konkreten Gedanken. Ich habe sie zu Ihnen hingedacht. Dieser Text sucht seine/n LeserIn, er will ‚annehmbar sein' und sich verbinden; er ist von mir ‚verbindlich' gedacht, auch wenn er für Sie jetzt, oder auch für mich zu einem späteren Zeitpunkt, ‚ungültig' sein sollte.

Er ist Dialog, Diskurs, Gedanke, Identitätsarbeit. Dementsprechend haben die Sätze keinen durchgehenden Aufbau, sondern es wechseln je nach Kontext die Subjekte und die Anrede im Satz. Wenn der Text sich in der ‚Wir-Form' ereignet, sind die LeserIn und die Autorin gemeint oder, was sich dann aber aus dem Inhalt ergibt, dezidiert Menschen, die in ihrer praktischen Arbeit mit KlientInnen zu tun haben. Ist er in der dritten Person geschrieben, verstehe ich den Text als Teil theoretischer Diskurse. Wenn ‚Ich' spreche, dann glaube ich, dass es nicht passt, die LeserIn automatisch mit einzuschließen. Diese Wechsel scheinen mir stimmig; ich bitte Sie, sie mir dort nachzusehen, wo sie sich für Sie brüchig lesen.

Vor allem rückblickend verstehe ich dieses Buch auch als Identitätsarbeit. Nur soviel: Ich habe Psychologie studiert und deshalb von mir selbstverständlich als ‚Psychologin' gesprochen, obwohl ich doch nie das Gefühl hatte, zu begreifen, wer ich dabei bin. Mir erscheint das erwähnenswert, weil dieses persönliche Identitätsthema den spezifischen fragenden Blick des Buches kennzeichnet und sich gleichzeitig ein zentrales theoretisches Spannungsfeld der Identitätsthematik darin spiegelt: Das zwischen Sprache und Sein.

Ich kann sagen, dass ich eine Praktikerin mit großem Interesse an wissenschaftlichen Diskursen bin oder eine Theoretikerin, die ‚die Praxis' schätzen gelernt hat. Aber ich kann mich mit der theoretischen und methodischen Ausrichtung des aktuellen deutschsprachigen Mainstreams in der Psychologie nicht identifizieren. Ich spreche heute von mir lieber als ‚Beraterin', ‚Therapeutin', ‚Moderatorin' usw., denn als ‚Psychologin' und stelle mir eine neue Disziplin vor, die ‚Psychosophie' heißen könnte.

Das Ziel dieses ‚psychosophischen' Buches ist die schrittweise Entwicklung eines Bildes über den Zusammenhang von Hilfeprozess, Identität und Psyche. Dabei begeben wir uns auf eine gemeinsame Gedankenreise, beziehen uns methodisch auf die philosophische Dialogtradition und haben ethisch die postmoderne Dialogforderung vor Augen: Wir ‚denken' Zusammenhänge.

Der ‚Dialog' spielt nicht nur eine maßgebende formale Rolle, sondern ist auch inhaltlich ein Zentralbegriff. Das Grundverständnis von Identität, das wir hier verhandeln, lautet: Identität ist ein relationaler Dialogprozess, ein dialogisches Wechselspiel zwischen Ich und Anderem, zwischen eigenen und fremden Zuschreibungen und Erzählungen.

Weil der Text mit dem Begriff des Dialogs zentral arbeitet, er aber im weiteren Verlauf nicht näher expliziert wird, möchte ich an dieser Stelle zwei Aspekte benennen, auf die ich mich bei seiner Verwendung beziehe: Zum einen ist Dialog Sprache, zum anderen findet er persönlich zwischen Menschen statt. Er unterscheidet sich dadurch vom Diskurs als überindividuelle Sprachbewegung, vom Monolog, weil dabei die reale oder potentielle Gegenrede keine Rolle spielt und von Kommunikation, da diese sich auch auf Nichtsprachliches bezieht.

Im Rahmen meiner praktischen Arbeit geführte und nicht geführte Dialoge mit und über Kinder, haben dieses Buch angestoßen. Ich arbeite in einer speziellen Einrichtung des Wichern Zentrums in München, die sich durch eine konzeptionelle Verzahnung von Jugendhilfe und Schule auszeichnet, vor allem aber dadurch, dass sie Raum bietet für professionelle Dialoge in einem komplexen Team und auf dieser Basis auch mit unseren KlientInnen. Meine KlientInnen sind, wie gesagt, Kinder im Grundschulalter und ihre Familien. Aufgrund der psychischen/sozialen Verfassung der Kinder, haben sich ihre Eltern trotz mindestens durchschnittlicher Intelligenz der Kinder gegen die Beschulung in einer Regelgrundschule und für die Anmeldung in der Schule zur Erziehungshilfe und Heilpädagogischen Tagesstätte des Wichern Zentrums entschieden. Gerade einmal sechs, sieben Jahre alt, befinden sich in den Schultüten dieser Kinder neben dem Üblichen auch schon jede Menge Erfahrungen, gekoppelt mit Ärger, Ängsten, Kränkungen, und unterschiedlichste Aufträge an uns. Sie kommen mit Gutachten zu uns, in denen die Bandbreite von Psychodiagnosen für Kinder gut ausgeschöpft ist; sie gelten als ‚verhaltensauffällig‘ oder ‚psychisch gestört‘. Und sie haben Kräfte, die herausfordern und mich nicht aufhören ließen zu fragen: „Wer sind diese Kinder? Und wer bin ich für diese Kinder?“

Schließlich hat mich die Frage nicht mehr losgelassen, welche Konsequenzen es für die Identität dieser Kinder hat, dass in ihren Biografien Stigmatisierungen wie ‚verhaltensauffällig‘ und ‚psychisch gestört‘ eine zentrale Rolle spielen. Sie ist zu der Ausgangsfrage dieses Buches geworden, in dem ich die These vertrete, dass für Kinder, die mit professionellen Psychodiagnosen konfrontiert sind und die ihre Eltern verzweifelt sagen hören „Mit meinem Kind stimmt etwas nicht!“, die Identität zu einer extremen Herausforderung wird: Ihre Identität wird ‚unannehmbar‘.

Ich erarbeite eine spezifische theoretische Sichtweise auf ein bekanntes praktisches Problem, indem ich das Konzept Identität auf seine Interpretationskraft für Störverhalten von Kindern untersuche. Vor diesem Hintergrund erfolgte meine Auswahl der theoretischen Statements und gegebenenfalls die Relektüre mancher AutorInnen. Ich lade Sie ein, auf ein intellektuelles Intermezzo zwischen Praxis und Theorie, dessen Argumentationslinien durch die Theorietraditi-

onen Psychoanalyse, Postmoderne, Systemtheorie und Poststrukturalismus gekennzeichnet sind.

Bevor ich Ihnen einen Überblick gebe über die Stationen unserer Textreise,
möchte ich noch kurz darauf eingehen, was es mit den Fotografien auf sich hat.

Mit den Kindern, die Sie sehen, und ihren Familien habe ich vier Jahre die
‚Lebenswelt Wichern Zentrum' geteilt, ihre Grundschulzeit von 2004 bis 2008.
Der Gedanke Bild und Text nebeneinander zu stellen, kam mir am Ende eines
vierjährigen Prozesses mit anderen Kindern, die 2004 Platz machten für diese
damals neuen Erstklässler. Ich war rückblickend beeindruckt über die Komplexität, das ‚viele Leben', das sich in dieser Zeit ereignete. Aber die Immaterialität
dieser dichten menschlichen Prozesse, die sie deshalb so leicht aus dem Blickfeld bringen können, trieb mich um und regte mich zu Gedanken an, die ich in
diesem Buch formuliert habe und eben auch dazu, diesen unsichtbaren Prozessen
Sichtbares an die Seite zu stellen.

Die ausgewählten Kinder sind selbstverständlich von mir um ihr Einver-
ständnis für diese Veröffentlichung gefragt worden und ihre Eltern unterstützen
das Buch. Eine gewisse Ambivalenz ist aber für mich geblieben; sie ist durch die
Frage beschrieben, ob diese Kinder einer Öffentlichkeit preisgegeben werden,
die sie schädigen könnte. Weil sich auch der Text mit diesem Spannungsfeld
auseinandersetzt und darin deutlich werden wird, dass es sich weder praktisch
noch theoretisch einfach auflösen lässt, sondern von jedem Einzelnen eine Lösung verlangt, setze ich auf die Kraft der Kinder und die Verantwortung der
BetrachterIn.

Die Kinder wurden im November 2008, als sie das Wichern Zentrum bereits
in alle Münchner Himmelsrichtungen verlassen haben, von mir eingeladen, noch
einmal an den Ort zu kommen, der vier Jahre lang ihre Leben maßgeblich beein-
flusst hat. Die Fotografin Susanne Probst-Marciniak hat sie dabei fotografiert.

In Anbetracht des Titels und Themas liegt es nahe, die Bilder auch auf
Hinweise auf eine ‚unannehmbare Identität' anzusehen. Ich möchte Ihnen zwei
Betrachtungsvarianten vorschlagen: Schauen Sie die Kinder und Ihren eigenen
Blick gleichzeitig an. Was sehen Sie in den Kindern? Was erfahren Sie von den
Kindern? Was lösen die Bilder bei Ihnen aus? Und umgekehrt: Schauen Sie den
Blick der Kinder und sich selbst gleichzeitig an. Fragen Sie sich dann, wie die
Kinder schauen, Sie anschauen, was die Kinder sehen. Worauf weisen Sie diese
Kinder hin? Welcher Blick offenbart Ihnen was? Vielleicht mögen Sie es aus-
probieren. In jedem Fall möchte ich Sie dazu anregen, beim Ansehen der Bilder
den Akt des Betrachtens mit ‚im Auge' zu haben.

Wechseln wir vom ‚Sichtbaren' wieder zum ‚Sagbaren', zu den Textkrei-
sen, die in diesem Buch gezogen werden. Zu Beginn stellen wir uns die Frage,
wie Identität entsteht und welche Rolle sie im Leben spielt (Kap. 1.1.). Dazu

ziehen wir die Objektbeziehungstheorie von D.W. Winnicott heran, das relationale Entwicklungsparadigma der Psychoanalyse und Kerngedanken der Gründungsfiguren des Identitätsdiskurses, Erik H. Erikson und George Herbert Mead. Wir erfahren dabei, wie Identität in dem Zusammenspiel zwischen eigenen und fremden Kräften lebt, ab wann von ihr gesprochen wird und welch zentrale Rolle sie in unserem Leben spielt.

Doch der postmoderne Diskurs kennt kein Pardon. Das Identitätskonzept wird radikal problematisiert (Kap. 1.2.). Die Kritik richtet sich vor allem gegen ein Denken von Identität als Substanz oder feste Struktur. Sie richtet sich gegen die Vorstellung, dass wir eine Identität ‚haben', proklamiert stattdessen, dass wir Identitäten ‚machen' indem wir ‚Identitätsarbeit' leisten. Es wird an der vermeintlichen Selbstverständlichkeit von Identität gerüttelt. Ihre Unabschließbarkeit und Beweglichkeit wird betont. Ihr Konstruktions- und Prozesscharakter werden herausgearbeitet, Begriff und bisheriges Konzept in Frage gestellt.

Warum dennoch ‚Identität' der Zentralbegriff dieses Buches ist und wie er verwendet wird, wird daran anschließend geklärt. Dazu wenden wir uns der Dimension ‚Psyche' in einer ersten Skizze zu und setzen sie zu Identität in Beziehung (Kap. 1.3.). In Abgrenzung von dem Phänomen Psyche und unter Berücksichtigung der wechselseitigen Verwiesenheit, legen wir die theoretische Fassung des Zentralkonstruktes Identität fest.

Es folgt eine Vignette, die für Erlebnisse und Wahrnehmungen aus der Praxis steht, die Ausgangsfrage und These dieses Buches provoziert haben.

Daran anschließend (Kap. 2.1.) werden Frage und These formuliert. Wir fragen uns, welche Konsequenzen es für die Identität von Kindern hat, wenn in ihren Biographien Stigmatisierungen wie ‚verhaltensauffällig' oder ‚psychisch gestört' eine zentrale Rolle spielen und arbeiten den Grundgedanken heraus, nämlich dass es über diese Stigmatisierungen für die Kinder zu einer ‚Unannehmbarkeit der eigenen Identität' kommt. Wir verfolgen den Gedanken, die Störung nicht bei den Kindern, sondern im Dialog zu verorten und sprechen deshalb von ‚störenden' und nicht von ‚gestörten' Kindern. Unter dieser Perspektive wird das Stören als kindliche Identitätsarbeit analysiert und wir stellen die Frage, welche Konsequenzen sich daraus für ihre Biografien ergeben.

Dazu lesen wir bei BiografieforscherInnen (Kap. 2.2.) nach, inwiefern die Biografie in unseren Leben einen immer zentraleren Stellenwert bekommt und wie sich die Biografisierung des Kinderlebens auswirkt. Wir werden sehen (Kap. 2.3.), dass die Zuschreibung einer Störung ein erhebliches biografisches Risiko darstellt. Nämlich zum einen das, eine ‚Störbiografie' zu entwickeln und zum anderen jenes, Zugänge zu Handlungsoptionen zu verlieren.

Weil bisher weder bezüglich der Identität noch bezüglich der Biografie eine Unterscheidung in Kinder und Erwachsene getroffen wurde, bedarf es einer

Klärung, welches Kindheitsverständnis diesem Buch zugrunde liegt (Kap. 3.1.).
Im Nachvollzug von AutorInnen, die der ‚neuen Kindheitsforschung' zuzurech-
nen sind, wird dabei ‚Kindheit' nicht als Phase der Sozialisation, sondern als
soziale Konstruktion und ‚Kind' nicht als eine natürliche Kategorie, sondern als
Teil des Generationenverhältnisses definiert. Darüber wird klar, dass Kinder und
Erwachsene nur in einem wechselseitigen Bezug zueinander denkbar sind und
warum das Ideal einer ‚guten Kindheit' kein erhaltenswertes Konstrukt ist.

Nachdem wir den Grundgedanken bis dahin von der Seite des Individuums
aus verfolgt haben, wechseln wir jetzt die Perspektive und fragen nach dem gesellschaftlichen Umgang mit störenden Kindern, genauer, welche Rolle soziale
Einrichtungen (Kap. 3.2.) für die kindlichen Identitäts- und Biografieprozesse
spielen. Sie treten an, um ihren KlientInnen zu helfen, um biografische Risiken
nach Möglichkeit in neue Chancen zu verwandeln. Mithilfe der Luhmannschen
Systemtheorie entwickeln wir zunächst eine Vorstellung davon, wie das Hilfesystem unserer Gesellschaft funktioniert und fragen uns, welche Probleme es auf
der einen Seite selbst aufwirft und welche Hilfechancen es andererseits bereit
hält. Wir werden entdecken, dass das aktuelle soziale Hilfesystem einen entscheidenden Einfluss auf die Identität seiner KlientInnen nimmt und verstehen,
warum deren Psyche dabei jedoch notgedrungen außen vor bleibt. Und wir werden daraus ableiten, dass ‚Integration' kein Ziel sozialer Einrichtungen mehr sein
kann und sehen uns dadurch mit der Notwendigkeit konfrontiert, nach einer
anderen Zielsetzung Ausschau zu halten. Im Anschluss an die systemtheoretischen Konzepte Inklusion/Exklusion fragen wir uns, ob der Aufbau von Kommunikationsfähigkeit bei den KlientInnen als einziges, ausreichendes Ziel sozialer Einrichtungen gesetzt werden könnte.

Um zu verstehen, wer bestimmt, welche Dialoge in sozialen Einrichtungen
geführt werden, wer ihre Zielsetzung festlegt und warum derzeit professionelle
Hilfe nur dann gewährt wird, wenn den Hilfeempfängern zuvor eine ‚Störung'
zugeschrieben wird, fragen wir nach den Machverhältnissen (Kap. 3.3.) und
ziehen dabei Michel Foucault zu Rate. Er fordert uns auf, über den Zusammenhang von ‚Macht' und ‚Wissen' nachzudenken und schlägt uns eine spezifische
Sichtweise darüber vor, wie eine Gesellschaft zu ihren ‚Aussagen' kommt. Dabei
verlangt er von uns, diese vertrauten Begrifflichkeiten neu zu denken.

Danach stellen wir uns vor, wie Hilfe aussehen könnte, wenn sich das sozialen System veränderte. (Kap. 4.1.). Dazu fragen wir uns, was anders sein müsste,
damit die Identitätsprozesse der Kinder, sprich die mit ihnen geführten Dialoge,
statt eines unannehmbaren ein annehmbares Lebensgefühl prozessieren würden.
Wir denken dabei über eine Variante nach, bei der sich die professionellen HelferInnen nicht nur als ‚Profis', sondern ausdrücklich auch mit ihrer persönlichen
Identität an ihre KlientInnen wenden würden. Diese ‚doppelte Adressierung'

zeichnen wir als eine mögliche Antwort auf den Normalisierungsdruck unserer Gesellschaft (Kap. 4.2.), aber auch als Chance, um an der psychischen Dimension einer unannehmbaren Identität andocken zu können.

Weil wir uns für eine Form von Hilfe interessieren, die nicht nur die Identität, sondern auch die Psyche der KientInnen adressiert, entwerfen wir einen Hilfeprozess, bei dem wir ,relational' miteinander leben (Kap. 4.3.). Während wir uns vorstellen, was das für die Arbeit mit störenden Kindern bedeuten würde, verfeinern wir die erste Skizze zur Psyche. Das dann nahe liegende Bild von Hilfe wird durchaus schon von einigen HelferInnen umgesetzt, wir werden aber feststellen, dass und warum das dabei an den Tag gelegte persönliche Engagement, anstatt ,offiziell' ein Aspekt von Hilfe zu sein und deshalb unterstützt zu werden, die HelferInnen statt dessen in eine Dilemmasituation bringt. Die dadurch entstehende Belastung muss derzeit jede/r irgendwie für sich lösen. Weil das gerade keine ,gute Lösung' ist, malen wir uns eine Alternative aus.

Wir beenden unsere Reise dort, wo wir sie begonnen haben, bei der Identität. Wir muten uns dafür noch einmal einen komplexen theoretischen Blick zu, nämlich den von Gilles Deleuze auf die ,Logik des Sinns' (Kap. 5.1.). Wir arbeiten uns da durch, weil wir seine Analyse über Sinn und Unsinn zu dem Phänomen Identität hindenken wollen (Kap. 5.2.). Dieses Querdenken ist nicht nur relevant für unsere Sichtweise, sondern es macht, weil es erhellt, einfach auch Spaß.

Im Epilog, der mein persönlicher Heimweg nach dieser Reise ist, setze ich Sinn, Identität, Unsinn und Psyche miteinander in Beziehung. Wenn sie mich auch dieses Stück begleiten wollen, möchte ich Ihnen sagen, dass das dort zu Papier Gebrachte vor allem ,gefühlt' und nicht so sehr ,verstanden' werden will.

1 Grenzbegriff Identität

Die Identität. Sie scheint selbstverständlich. Also wehe dem/der, die/der sie in Frage stellt. Ihr/Ihm kann es wie dem Zauberlehrling ergehen. Die Geister der Identität wird man so schnell nicht mehr los. Soll das eine Warnung sein? Womöglich vor der weiteren Lektüre? In gewisser Weise ja. Sich mit Identität beschäftigen heißt, sich in Grenzgebiete begeben. Ein Grenzgebiet wird gut überwacht; eine Grenze markiert einen dahinter liegenden ‚Besitz'. Man hat zunächst zwei Möglichkeiten: Entweder man akzeptiert die Grenzen, oder man wird illegal/isiert. Oder denken Sie, dass die Gedanken frei sind?

Identität fordert viele Grenzen heraus. Wir werden der Grenze zwischen Ich und Du begegnen, der Grenze zwischen Sprache und Sein, der zwischen Kind und Erwachsenem, der Grenze zwischen Innen und Außen, der zwischen ausgeschlossen und dabei sein und der zwischen Sinn und Unsinn. Vielleicht wollen Sie einen Gedanken nicht mitdenken. Überspringen sie diese Stelle einfach, aber bitte lesen Sie weiter, wir werden uns schon wieder begegnen. Denn was ist ein Text anderes als ein Treffpunkt?

1.1 Welche Rolle spielt Identität im Leben?

Gehen wir zurück zu dem Beginn unseres Lebens, unserer Geburt, und lassen wir uns von einigen Fragen leiten, die ins Visier nehmen, wie wir zu unserer Identität kommen – oder sie zu uns: Ist von Anfang an klar, wer wir sind und werden? Oder spielt Identität erst im Laufe unseres Lebens eine Rolle? Warum ist es nicht üblich, von der ‚Identität eines Säuglings' zu sprechen? Ab welchem Zeitpunkt wird im wissenschaftlichen Diskurs von Identität gesprochen? Womit hängt der Beginn des ‚Identitätsdiskurses' zusammen und was charakterisiert demnach Identität?

ObjektbeziehungstheoretikerInnen beschäftigen sich mit den Ursprüngen des ‚Selbst'. Der gemeinsame Bezugspunkt ist dabei die frühe Mutter-Kind-Interaktion, von der ausgehend sie unterschiedliche Vorstellungen über den zeitlichen und inhaltlichen Verlauf der Selbstbildung beisteuern. Entstanden sind die Objektbeziehungstheorien in Abgrenzung zu Freuds Triebtheorie, als Weiterentwicklung seiner Psychoanalyse.

Donald Winnicott ist einer der wichtigsten Vertreter der Schule der so genannten „Britischen Objektbeziehungstheorie". Für Winnicott sind die realen Umwelterfahrungen, also das konkrete, beobachtbare Beziehungsgeschehen zwischen Mutter und Kind entscheidend für dessen Entwicklung. Er beobachtete die ersten Lebensbewegungen und Beziehungen eines Babys mit seiner Mutter, mit seinem ersten Objekt. Er tat dies im Rahmen seiner Tätigkeit als Kinderarzt und Psychoanalytiker in einem englischen Krankenhaus und in seiner Praxis. Was passiert, während das Baby an der Brust seiner Mutter trinkt? Seine Wahrnehmungen zu ursprünglichen leibseelischen Geschehnissen wie diesem brachten Winnicott (1995, 94) zu der Annahme, dass sich der Mensch zunächst in einer verschmolzenen Einheit mit seiner Mutter befindet:

> „Zwei verschiedene Menschen können sich eins *fühlen*; doch in der Phase, von der ich hier spreche, *sind* Kleinkind und Objekt eins."
>
> „Mutter und Kind treten in einen privaten Diskurs ein, den nur sie entfalten können, und die Sprache ihrer Beziehung ist das Idiom von Gesten, Blicken und intersubjektiven Äußerungen", schreibt dazu Christopher Bollas.
>
> Und weiter: „In seinen Arbeiten zur Mutter-Kind-Beziehung betont Winnicott, was wir die Unbewegtheit dieser Beziehung nennen könnten: Die Mutter sorgt für eine Kontinuität des Seins, sie ‚hält' (‚holds') das Kind in einer von ihr erzeugten Umwelt, die sein Wachstum fördert. Vor dem Hintergrund dieser sich im Miteinander steigernden Unbewegtheit aber machen Mutter und Kind fortgesetzt intersubjektive Erfahrungen miteinander, deren gemeinsamer Ausgangspunkt die Rituale der Befriedigung leibseelischer Bedürfnisse sind: Füttern, Windelnwechseln, Besänftigen, Spielen und Schlafen. Ich denke, es ist unbestreitbar, dass die Mutter als das ‚andere' Selbst des Säuglings Verwandlungen seiner inneren und äußeren Umwelt bewirkt." (1997, 25)

Sowohl unsere leibliche Existenz, psychophysiologische Prozesse, als auch die Art der Beziehung zu unserer Umwelt sind für Winnicott basal für die Selbstentwicklung.

In Folge der zentralen Idee, Baby und primäre Bezugsperson als Einheit zu betrachten, stellte Winnicott unter anderem die Konzepte des ‚intermediären Raums' und des ‚Übergangsobjektes' vor. Das Übergangsobjekt weist den Weg aus der Phase des ‚Eins-Seins'. Es spielt für das Kind eine beruhigende Rolle in dem Prozess des Erkennens, dass die Mutter nicht Teil von ihm selbst ist.

> „Wenn der Säugling das Übergangsobjekt erschafft, wird der Verwandlungsprozess von der Mutter-Umwelt (wo er seinen Ursprung hat) auf zahllose subjektive Objekte verschoben, so dass die Übergangsphase das Erbe der Verwandlungsperiode antritt und der Säugling fortschreitet von der Erfahrung des Prozesses zur Artikulation der Erfahrung." (ebd, 27)

Ein Kuscheltier, eine kleine Decke oder ein anderer Gegenstand kann zum Übergangsobjekt werden, wenn das Kind beginnt zwischen dem Ich und dem Du der Mutter zu unterscheiden.

Im Verlauf dieses Differenzierungsprozesses, der uns das ganze Leben begleitet, beginnen wir von ‚Identität' zu reden. Dazu schreibt Winnicott (1995, 25):

> „Übergangsobjekte und Übergangsphänomene gehören in den Bereich der Illusion, die den Anfang jeder Erfahrung bildet. Diese frühe Entwicklungsphase wird dadurch ermöglicht, dass die Mutter die besondere Fähigkeit hat, sich den Bedürfnissen ihres Kindes anzupassen, und dem Kind damit die Illusion gewährt, dass das, was es erschafft, wirklich besteht. Dieser intermediäre Erfahrungsbereich, der nicht in Hinblick auf seine Zugehörigkeit zur inneren oder äußeren Realität in Frage gestellt wird, begründet den größeren Teil der Erfahrungen des Kindes und bleibt das Leben lang für außergewöhnliche Erfahrungen im Bereich der Kunst, der Religion, der Imagination und der schöpferischen wissenschaftlichen Arbeit erhalten."

Werner Bohleber (1997, 106 f) bezieht sich auf Winnicott, wenn er schreibt:

> „Innerhalb eines harmonisch regulierten Mutter-Kind-Systems sind während einer Wachperiode Zeiten zu beobachten, die eine Entflechtung zwischen Mutter und Kind hinsichtlich der eingespielten Regulationsabläufe zulassen. (..) Dies erlaubt dem Säugling, innere Empfindungen oder Impulse als seine eigenen, die in ihm selbst aufkommen, wahrzunehmen. Der Impuls wird zu einem ‚personalen Erlebnis'. (..) Diese Verbindung von Selbst-Entwicklung als personalem Erlebnis mit dem intermediären Raum zwischen Mutter und Kind sehen wir als eine frühe Vorform späterer Identitätsentwicklung an. Die Identität ist von ihrer Struktur her mit den im intermediären Raum angesiedelten Übergangsobjekten verwandt. Diese haben eine Mittelstellung zwischen der inneren Welt und der äußeren. Sie sind Teil von beiden. Genau diese Mittelstellung kommt auch der Identität zu."

Wenn wir uns dieser allerersten Phase unseres Lebens zuwenden, hören wir also noch nichts von ‚Identität', lesen stattdessen vom ‚Subjekt' und vom ‚Selbst'.[1]

Der Grund dafür liegt in der relativen Undifferenziertheit, der besonderen Verwobenheit der Babys mit ihren primären Bezugspersonen, die SäuglingsforscherInnen, trotz aller bereits vorhandenen Kompetenzen der Säuglinge, feststellen.

Folgen wir dem relationalen Entwicklungsparadigma der Psychoanalyse, um uns anzusehen, ab wann von ‚Identität' gesprochen wird und warum. Aber

---

1 Zwei Begriffe, die nicht weniger voraussetzungsvoll sind. So wie die Begriffe hier auftauchen, verstehe ich ‚Subjekt' als ‚Person' und ‚Selbst' als ‚Ich'.

klären wir zunächst, was dieses Paradigma kennzeichnet. Der Begriff ‚relationale Psychoanalyse' wurde von dem amerikanischen Analytiker Stephen Mitchell (2003) geprägt. Er spricht von einem ‚relational turn' und charakterisiert so den Paradigmenwechsel von der Untersuchung des ‚intrapsychischen Seelenlebens einer Person' hin zu einem ‚Denken-in-Beziehungen'. Mitchell gab damit schon bestehenden intersubjektiven Ansätzen und anderen Theoriebildungen eine programmatische Überschrift, deren gemeinsames Interesse in einer psychoanalytischen Auseinandersetzung mit der menschlichen Beziehungsmatrix bestand.

Wie also wird die weitere Entwicklung des Kleinkindes aus dieser Perspektive beschrieben?

Die auftauchende, so genannte ‚Symbolisierungsfähigkeit' ist entscheidend für eine essentielle Veränderung in unserem Leben, deren Beginn zwischen dem ersten und zweiten Lebensjahr angesiedelt wird. „Das Kind weiß jetzt, dass es selbst in einer Form repräsentiert werden kann, die außerhalb seines gefühlten Selbst besteht." schreibt Bohleber (1997, 99). Die Symbolisierungsfähigkeit ermöglicht dem Kleinkind sein ‚Selbst' zu erkennen. Die dabei sich bildenden ‚Selbst-Repräsentanzen' befähigen es zu einem reflexiven Bezug zu sich. Erst ab diesem Zeitpunkt macht es demnach Sinn, von ‚inneren' Prozessen zu sprechen – ‚inneren' steht dabei in Anführungszeichen, denn auch der einsetzende Bezug zu sich ist nicht ohne Bezug den relevanten Anderen zu denken. Dazu Christopher Bollas (1997, 22):

„Indem wir nacheinander mannigfaltige Perspektiven einnehmen, unter denen wir dann jeweils unser Sein zu Selbst-Zuständen objektivieren können, bilden wir über einen langen Zeitraum hinweg einen Sinn für die Beziehung zu uns selbst aus."

Und Bohleber (1999, 513), Bollas aufgreifend: „Die Objekte bilden eine Textur des Selbst. Erst der Durchgang durch den Anderen ermöglicht es, sich selbst zu erfahren."

Wie kann man sich dieses verwobene Verhältnis zwischen Selbst und Anderem vorstellen?

Lesen wir dazu nach bei Jessica Benjamin, die den psychoanalytischen Paradigmenwechsel aus einer feministischen Perspektive vorangetrieben hat. Sie stellt im Rahmen ihrer Theorie der Intersubjektivität das Spannungsfeld zwischen Autonomie und Bezogenheit in den Mittelpunkt ihrer Überlegungen. Mit dem Postulat der Intersubjektivität schreibt sie dem Wechselspiel zwischen Anerkennung und Zerstörung eine grundlegende Bedeutung zu. Durch das Erleben der Differenz realisiert das Kleinkind den auch frustrierenden Unterschied zwischen den eigenen Wünschen und Bedürfnissen und denen der Mutter. Der Differenzierungsprozess befördert dadurch eine Spannung, die das Kleinkind in zerstörerischen Akten zu lösen versucht. Diesen Zerstörungsimpulsen steht die Anerkennung des Anderen gegenüber. Dazu schreibt Benjamin (1996, 47):

> „Mit dem Bedürfnis nach Anerkennung ist jenes grundlegende Paradoxon gesetzt: In demselben Augenblick, in dem man des eigenen, unabhängigen Willens gewahr wird, braucht man einen Anderen, der ihn anerkennt."

Sie geht davon aus, dass uns ein Leben lang die Dynamik zwischen den beiden widersprüchlichen Bestrebungen nach allein/selbst sein und miteinander/untrennbar sein begleitet. In „Die Fesseln der Liebe" stellt sie fest:

> „Wenn die intersubjektive Theorie also das Selbst allein beschreibt, so betrachtet sie dieses Alleinsein nicht als ursprünglichen ‚Naturzustand' des Individuums, sondern als eine Situation in einem Spektrum von Beziehungen." (ebd, 23)

Eine Konsequenz ihres Ansatzes ist die Kritik an der Einseitigkeit des ‚Entwicklungsauftrags Autonomie'; Benjamin formuliert als Ziel, Verbundenheit zu leben und ergänzt entsprechen die Entwicklung der Fähigkeit zur Anerkennung.

Was haben wir bis jetzt über Identität erfahren? Wir haben mit Winnicott gesehen, dass unser Leben in einer Mutter-Kind-Einheit beginnt. Die Ablösung des Kleinkindes von der Mutter passiert, weil uns zwischen dem ersten und zweiten Lebensjahr die Symbolisierungsfähigkeit erkennen lässt, dass es ein Selbst und einen Anderen gibt. Erst ab diesem Zeitpunkt wird der Begriff Identität benutzt. Charakteristisch für Identität ist demnach die kognitive Fähigkeit des Zuschreibens. Wir haben mit Benjamin gesehen, dass die Differenzierung in Ich und Du nicht endgültig ist, sondern sich in einem intersubjektiven Spannungsfeld zwischen Autonomie und Bezogenheit bewegt.

Insgesamt haben wir von zwei verschiedenen menschlichen Lebenszuständen erfahren. Zum einen von dem Zustand bis zum Einsetzen der Symbolisierungsfähigkeit zwischen dem ersten und zweiten Lebensjahr: In ihm wird das Lebensgefühl, wie wir bei Winnicott gesehen haben, als ein leiblich-sinnliches und grundsätzlich interaktives beschrieben. Und zum anderen von dem Zustand danach, mit der Fähigkeit Selbst- (und Objekt-) Repräsentanzen zu bilden: Jetzt können wir zwischen Ich und Anderem unterscheiden, wir sind eingetreten in das lebenslange Spannungsfeld zwischen Autonomie und Abhängigkeit. Stellt sich die Frage, wie diese beiden Weisen das Leben zu erfahren, zusammenhängen. Bohleber (1997, 96) schreibt dazu:

> „Die Befunde der Entwicklungsforschung legen mit großem Nachdruck nahe, dass das interaktive Modell der Entwicklung das ganze Leben hindurch wirksam bleibt und nicht nach dem Erwerb der Symbolisierungsfähigkeit im zweiten Lebensjahr

durch das intrapsychische einfach abgelöst wird. Interaktives und intrapsychisches Entwicklungsmodell müssen zusammen gedacht werden."

Radikaler denkt Stephen Mitchell, der in seinem Buch „Bindung und Beziehung – auf dem Weg zu einer relationalen Psychoanalyse" Gedanken von Hans Loewald vorantreibt. Auch Mitchell geht davon aus, dass der Beginn unseres Erlebens in einem undifferenzierten Zustand stattfindet, in dem wir nicht zwischen Trieben, Objekten, Selbst und Anderem unterscheiden, nicht zwischen Innen und Außen, ja nicht einmal zwischen Jetzt und Damals. Mitchell (1997, 81) schreibt: „Alles wird in einer Weise erlebt, die Loewald als ‚ursprüngliche Dichte' (*primal density*) bezeichnet." Diese zugrunde liegende Einheit korreliert mit der Annahme eines undifferenzierten psychischen Feldes. Mitchell nimmt jedoch nicht an, dass die Unterscheidung in Innen- und Außenwelt zwar vorhanden ist, aber von dem Säugling noch nicht wahrgenommen werden kann. Sondern er geht stattdessen davon aus, dass es diesen Unterschied tatsächlich nicht gibt. Das ist bemerkenswert.

Wie kommen wir dann zu einem Erleben von Ich und Du? Dazu schreibt Mitchell (ebd, 81 u. 84):

„Sämtliche uns vertraute Unterscheidungen und Abgrenzungen beruhen auf dieser ursprünglichen Dichte."
Und kurz darauf: „Selbst und Anderer werden dadurch erschaffen, dass man Grenzen zieht, d.h. bestimmte Teile des Erlebens einschließt und andere ausschließt. Das Selbsterleben wird in einem identifikatorischen Prozess generiert, der Innenwelt herstellt (Internalität), das Erleben des Anderen in einem projektiven Prozess, der Außenwelt herstellt (Externalität)."

Wir verinnerlichen (und veräußerlichen) also nicht, indem wir den Unterschied zwischen Innen und Außen erkennen, sondern wir produzieren diesen Unterschied, indem wir ein Ich und ein Du schaffen. Die Symbolisierungsfähigkeit wäre hier nicht eine Fähigkeit des Begreifens, sondern des Herstellens unserer Welt. Mit anderen Worten: Innen und Außen, Selbst und Anderer, Ich und Du werden von Mitchell mit Loewald als psychologische Konstruktionen identifiziert.

Loewald benutzt die Begriffe ‚Primärprozess' für den ursprünglichen Zustand der Mutter-Kind-Einheit und ‚Sekundärprozess' für den Differenzierungsvorgang. Der Sekundärprozess strukturiert und differenziert die Einheit des Primärprozesses, in der die psychische Organisation noch nicht vorhanden ist. Entscheidend dabei ist Loewalds Annahme, dass der Sekundärprozess nicht ohne den Primärprozess existieren kann, da die Vorgänge des Differenzierens und Strukturierens diese Einheit voraussetzen. Das gibt eine Antwort auf unsere

Frage nach dem Zusammenhang der beiden Lebensphasen: Der mit der Symbolisierungsfähigkeit entstehende Differenzierungsprozess kann nur gleichzeitig mit der ursprünglichen Ganzheit erlebt werden. Mitchell (ebd, 83) schreibt:

> „Der Primärprozess wirkt nicht nur in den ersten Lebensmonaten, er strukturiert unser Erleben auch weiterhin. Loewald hat einmal vorgeschlagen – und damit sicherlich die Erinnerung an Heidegger hervorgerufen –, dass die primäre Einheit des Erlebens vielleicht ‚am besten das Sein genannt‘ werden sollte."

Lassen Sie uns von hier noch einen Schritt weiter und auch wieder zurück gehen und schauen, was wir über die Prozesse der Differenzierung im weiteren Lebensverlauf erfahren können, wenn neben der primären Bezugsperson auch ‚andere Andere‘ relevant für uns werden. Das bringt uns zu Erik H. Erikson und George Herbert Mead. Wir werden sehen, dass der Begriff ‚Identität‘ jetzt im Zentrum steht.

Erik H. Erikson wird häufig mit seinem Stufenmodell zur Identitätsentwicklung identifiziert, in dem er acht Phasen mit ihren jeweiligen Krisen beschreibt, die dem Menschen zum Meistern aufgegeben sind und die eine ‚gelungenen Identität‘ zum Ziel haben. Aber es ist nicht sein Stufenmodell, dessen Schematik heute irritierend ist, mit dem wir uns hier beschäftigen wollen. Stattdessen wenden wir uns Gedanken von Erikson zu, in denen er seine ‚relationale‘ Auffassung von Identität darstellt.

In „Kindheit und Gesellschaft" wird Erikson auch als Therapeut sichtbar. Dort schreibt er über therapeutische Fallgeschichten und leitet daraus ‚dem Organismus inhärente Prozesse‘ ab. Gleich zu Beginn dieses Buchs macht er klar:

> „Wir werden hier vom Organismus mehr als von einem Prozess, als von einer Sache sprechen. Denn wir befassen uns mit der homöostatischen Qualität des lebenden Organismus und nicht mit den pathologischen Einzelheiten, die sich durch eine Sektion demonstrieren ließen." (ebd, 27)

Zunächst unterscheidet Erikson zwischen „dem somatischen, dem Ich-Prozess und dem Gesellschaftsprozess", um sofort darauf festzustellen:

> „Wir untersuchen menschliche Krisen, indem wir therapeutisch in sie eintreten. Wir entdecken dabei, dass die drei erwähnten Prozesse drei Aspekte eines einzigen Prozesses sind – des menschlichen Lebens. (..) Ein Einzelpunkt in einem Prozess gewinnt an Relevanz, indem er anderen Punkten innerhalb der anderen Prozesse Bedeutsamkeit verleiht und von ihnen her seine Bedeutsamkeit bezieht. Ich hoffe, dass wir allmählich zutreffendere Worte für diese *Relativität in der menschlichen Existenz* finden werden." (ebd, 30f)

Lothar Krappmann (1997, 66) würdigt Eriksons Werk:

„Im strengen Sinne hat Erikson keine Definition angeboten und schon gar keine Operationalisierung versucht (..), sondern er hat ein Thema eingeführt, das ‚Problem der Ich-Identität'".

Identität entsteht nach Erikson in einem lebenslangen krisenhaften zwischenmenschlichen Prozess. Krappmann (ebd, 67) schreibt:

„Identität entsteht also an den Schnittstellen von persönlichen Entwürfen und sozialen Zuschreibungen. Sie ist nach Erikson immer ‚problematisch', weil die vom einzelnen zu leistende Integration von der sozialen Gruppe, der er angehört, anerkannt werden muss".
Und weiter: „Diese Problematik der Identität, so Erikson, betreffe den Menschen generell, insbesondere aber den ‚modernen' Menschen, der sich nicht mehr in festen Traditionen aufgehoben sieht, der Mühe habe, dem Wandel der Lebensbedingungen zu folgen, der mit einer schier unendlichen Vielfalt möglicher Lebensentscheidungen konfrontiert sei und sich manches Mal angesichts säkularer und globaler Krisen als Person verloren fühle".

Erikson interessierte sich sehr für die Frage, wie Identität gelingen kann. Dieses Interesse ist von einer therapeutischen Warte aus zu verstehen, nicht von einer normativen. Er schreibt:

„Das Gefühl der Ich-Identität ist also die angesammelte Zuversicht des Individuums, dass der inneren Gleichheit und Kontinuität auch die Gleichheit und Kontinuität seines Wesens in den Augen anderer entspricht (..)." (1992, 256)

Und Werner Bohleber (1999, 511), der Erikson aufgreift:

„Das Subjekt benötigt den Anderen, um sich selbst zu erfassen und um eine innere Kontinuität und Kohärenz seines Selbstverständnisses aufrechterhalten zu können."

Da Erik H. Erikson in einer so profunden und freigeistigen Weise über die menschliche Entwicklung nachdenkt, fällt es nicht schwer, die Prägung der historischen Entstehungszeit zu übersetzen. Er selbst nimmt dies vorweg:

„So hat es sich ergeben, dass wir uns gerade zu einem geschichtlichen Zeitpunkt mit der Identität beschäftigten, da diese problematisch geworden ist. (..) Aber eine solche geschichtsgebundene Relativität in der Entwicklung eines Forschungsgebietes braucht ja den Fortbestand eines Grundplanes und die zeitunabhängige Schlüssigkeit der beobachteten Tatsachen nicht auszuschließen." (ebd, 278)

Eriksons Konzeption der Identität platziert den Gedanken der Intersubjektivität und Krisenhaftigkeit von Identität und er fordert dazu auf, Subjekt und Gesellschaft verschränkt zu denken.

Auch George Herbert Mead liest sich ‚zeitlos' und auch er konzipiert Identität radikal intersubjektiv. In dem von ihm vorgelegten symbolischen Interaktionismus werden Identität und Gesellschaft als sich gegenseitig bedingend gedacht. „Meads Vorstellung von Identität geht davon aus, dass jeder sich nur mit den Augen der anderen sehen kann. Wer ich bin, erfahre ich durch die Reaktionen der anderen auf mein Verhalten", schreibt Lothar Krappmann (1997, 79). Und Dieter Geulen (2002, 95):

> „Nach Mead ist es die Verinnerlichung der antizipierten Wahrnehmung durch die anderen, die Sozialisation ausmacht. Dabei können wir uns sozusagen an die Stelle der ganzen Gruppe oder aller anderen versetzen; Mead nennt diese den ‚generalisierten Anderen'."

Der menschlichen Fähigkeit zur Perspektivübernahme misst Mead eine grundlegende Bedeutung bei. Er fragt:

> „Wie kann ein Einzelner (erfahrungsmäßig) so aus sich heraustreten, dass er für sich selbst zum Objekt wird? Das ist das entscheidende psychologische Problem der Identität oder des Bewusstseins (..)."
>
> Meads Antwort: „Der Einzelne erfährt sich – nicht direkt, sondern nur indirekt – aus der besonderen Sicht anderer Mitglieder der gleichen gesellschaftlichen Gruppe oder aus der verallgemeinerten Sicht der gesellschaftlichen Gruppe als Ganzer, zu der er gehört. Denn er bringt die eigene Erfahrung als einer Identität oder Persönlichkeit nicht direkt oder unmittelbar ins Spiel, nicht indem er für sich selbst zu einem Subjekt wird, sondern nur insoweit, als er zuerst zu einem Objekt für sich selbst wird, genauso wie die anderen Individuen für ihn oder in seiner Erfahrung Objekte sind; er wird für sich selbst nur zum Objekt, indem er die Haltungen anderer Individuen gegenüber sich selbst innerhalb einer gesellschaftlichen Umwelt oder eines Erfahrungs- und Verhaltenskontextes einnimmt, in den er ebenso wie die anderen eingeschaltet ist." (1973, 180)
>
> Und an anderer Stelle: „Selbst-bewusst, identitätsbewusst sein heißt im Grunde, dank der gesellschaftlichen Beziehungen zu anderen für seine eigene Identität zum Objekt werden." (ebd, 215)

Mead geht davon aus, dass der Prozess der Identitätsentwicklung ein gesellschaftlicher Prozess ist. Doch er reduziert die Person nicht darauf. Als englischsprachigem Denker steht ihm die Unterscheidung zwischen ‚I' und ‚Me' zur Verfügung, wobei er mit Me das personale Erlebnis benennt, bei dem man für sich selbst Objekt ist. Er meint: „Auf das I ist es zurückzuführen, dass wir uns niemals ganz unserer selbst bewusst sind, dass wir uns durch unsere eigenen Aktionen überraschen." (ebd, 217)

Er erklärt den Zusammenhang zwischen I und Me anhand der vergehenden Zeit und der Erinnerung: Wenn man an das I in der Vergangenheit denkt, so war das I

> „ der Sprecher für die Identität, wie sie vor einer Sekunde, einer Minute oder einem Tag existierte. Als einmal gegebene, ist sie ein Me, aber ein Me, das früher einmal ein I war. Wenn man also fragt, wo das I in der eigenen Erfahrung direkt auftritt, lautet die Antwort: als historische Figur. Was man eine Sekunde vorher war, das ist das I des Me." (ebd, 217f)

Das Me steht für die Identität, die er als dem Wesen nach kognitiv entwirft. Das I hingegen kann nicht bewusst erfahren werden, sondern nur die zum Me gewordene Identität.

Neben der Intersubjektivität, arbeitet George Herbert Mead auf diese Weise auch die Prozesshaftigkeit als charakteristisch für Identität heraus.

Dem Prozesscharakter werden wir jetzt ausführlicher begegnen, wenn wir uns der Postmoderne und ihrer Identitätsauseinandersetzung zuwenden. Und wir werden dabei feststellen, dass es nicht nur einen Zeitpunkt gibt, ab dem von Identität gesprochen wird, sondern – in anderem Sinne – auch einen, zu dem damit aufgehört wurde.

1.2 Die postmoderne Problematisierung von Identität

Auch wenn die Postmoderne so mancher Selbstverständlichkeit den Boden unter den vermeintlich stabilen Füßen wegzieht, werden wir sehen, dass der damit verbundene Fall dann doch weicher ist, als man zunächst befürchten könnte. Mehr noch: Die Postmoderne lehrt uns, das Fallen selbst wertzuschätzen. Wir werden feststellen, dass die Konzepte aus dem vorangegangenen Kapitel postmodern querdenkbar sind, beziehungsweise wir mit dem relationalen Paradigma der Psychoanalyse bereits postmodern gedacht haben. Wir trudeln also nicht ins Nichts; beginnen wir das Fallen zu erkunden.

Worin besteht der besondere Beitrag der Postmoderne zum Identitätsdiskurs? Das Phänomen, auf das die Frage „Wer bin ich?" verweist, erhält in modernen Fassungen ganz selbstverständlich den Titel ‚Identität'. Im Rahmen postmoderner Diagnosen wird es zu einem spannend diskutierten Problem.

Um verstehen zu können, warum Identität zum Problem wird, werfen wir zunächst einen Blick auf die ‚Postmoderne'. Lehnen wir uns an den Philosophen Wolfgang Welsch an, um festzuhalten, wie wir den Begriff verwenden wollen.

Welsch (1993) formuliert in seinem Buch „Unsere postmoderne Moderne" die postmoderne Vision als eine „Vision der Pluralität". In Abgrenzung von der ‚feuilletonistischen' Verwendung des Begriffs Postmoderne, durch die dieser diffus wird und häufig in den Ruch der Beliebigkeit gerät, stellt er einen gemeinsamen Fokus in dem Feld der Postmoderne fest: Pluralität – als „Grunderfahrung (..) des unüberschreitbaren Rechts hochgradig differenter Wissensformen, Lebensentwürfe [und] Handlungsmuster". (ebd, 5)

So verstanden bringt die Postmoderne mit ihrem Zentralbegriff Pluralität institutionalisierte Denktraditionen ins Wanken. Sie proklamiert das Ende von Meta-Erzählungen und den Verlust der objektiven Wahrheit. Sie richtet sich aktiv an die Vielfalt und Heterogenität, an Grenzen und Differenzen. Diese Sichtweise nimmt den Freiheitsgewinn in den Blick, ohne die neu entstehenden Schwierigkeiten und Gefährdungen zu übersehen, aber eben auch ohne sie überzubewerten. ‚Postmoderne' steht für Auflösungsphänomene vertrauter, scheinbar selbstverständlich gewordener Ordnungen, Hierarchien und Zentren, Orientierungen, Normalitätsvorstellungen und Diskurse. Und sie macht ein Alternativangebot zur Verständigung über das Lokale, Temporäre und Disjunkte. Sie signalisiert einen Wandlungsprozess und betont das Bewegliche und Unabschließbare. Die Postmoderne bringt die Eindeutigkeit zu Fall, verlangt die Anerkennung des Fragmentierten und fordert zum Umgang mit Ambivalenz heraus. Als postmodern wird etwas oder jemand in dieser Lesart nicht aufgrund der Zugehörigkeit zu einer Epoche bezeichnet, sondern um einen Standpunkt zu markieren. Welsch formuliert: „Ihr [der Postmoderne] philosophischer Impetus ist zugleich ein tief moralischer." Und er meint damit das offensive Eintreten für Vielheit und gegen hegemoniale Machtansprüche.

Welche Konsequenzen hat diese Definition für die Identität? Betrachtet man den etymologischen Gehalt von Identität, der sich über das lateinischen Wort ‚idem' (‚dasselbe') herleitet, also übersetzbar ist mit ‚Dieselbigkeit' und dadurch Konstanz impliziert, so scheint es postmodern denkend tatsächlich keinen guten Sinn zu machen den Begriff beizubehalten. Ist es doch gerade die Betonung der unauflösbaren Verwobenheit mit den Anderen, dem Nicht-Ich einerseits und der lebenslange Prozess- und Wandlungscharakter andererseits, die postmoderne Konzeptionen über unser Leben charakterisieren. Wird doch die substantialistische Vorstellung zugunsten einer konstruktivistischen, dynamischen aufgegeben und wird doch gerade die Pluralität, die Vielheit und Widersprüchlichkeit unserer Selbste erkannt. Die Postmoderne widerspricht den traditionellen, von der Moderne geprägten Vorstellungen über Identität oder relativiert deren relevante Bezüge radikal. Zentraler Kritikpunkt ist das Substanz- und Strukturdenken, das Festlegungen und Normierungen, im Sinne einer ‚zu erreichenden', ‚gelungenen' Identität beinhaltet und Leitbilder, die auf eine autonome Persönlichkeit ausgerichtet sind. Alternativ wird ein Konstruktions- und Prozessdenken angeboten, das auf die Intersubjektivität und Eingebundenheit in die jeweilige Lebenswelt hinweist, auf die Offenheit und Unabschließbarkeit sowie auf die Eigentätigkeit einer Person im Sinne von aktiver Aneignung und Aushandlung.

Konsequenterweise wird der Begriff Identität von einigen AutorInnen umschifft, ersetzt oder ganz weg gelassen. Zwei zentralen Begriffen postmoderner Überlegungen, auf die stattdessen ein Rückbezug erfolgt, sind wir schon an anderer Stelle begegnet: ,Selbst' und ,Subjekt'.

So spricht Helga Bilden (1997, 227) von der Person als einem „dynamischen System vielfältiger Selbste". Kenneth Gergen (1990, 197) fasst das Selbst „als einen Knotenpunkt in der Verkettung von Beziehungen" und visioniert:

> „Wenn das, was wir als Realität akzeptieren, tatsächlich ein Artefakt der Sprache ist, und wenn Sprache durch das gemeinsame Handeln der sich beteiligenden Gemeinschaften erzeugt und aufrechterhalten wird, dann wird der postmoderne Wandel zu einer Ontologie des Bezogenseins führen." (ebd, 210)

Explizit an der Sprache setzt Judith Butler an, die auch unter Rückgriff auf poststrukturalistische Gedanken von Michel Foucault den Zusammenhang von Sprache und Subjekt analysiert. Butler (1990) geht davon aus, dass ,Subjekte' erst im Rahmen von regelgeleiteten Diskursen entstehen und bezweifelt damit ,vorsprachliche Gegebenheiten'. Sie glaubt nicht, dass soziale Phänomene, zu denen sie Subjekte zählt, jenseits von Sprache erfassbar sind. Sprache ist für Butler das ,Konstruktionsmedium' schlechthin, mit dem unsere sozialen Strukturen sinnstiftend (re)produziert werden. Um Missverständnissen vorzubeugen, klärt sie:

> „Die Kritik des Subjekts beinhaltet keine Verneinung oder Nichtanerkennung des Subjekts, sondern eher eine Infragestellung seiner Konstruktion als vorgegebene oder normative Grundlage dienender (..) Prämisse." (1993, 41)

Wie können wir das verstehen? Was hier im diskursanalytischen Sprachgebrauch vermittelt wird, haben Loewald und Mitchell psychoanalytisch präsentiert. Wenn Butler Sprache ein Konstruktionsmedium nennt, über das soziale Strukturen und deren Sinn (re)produziert werden, fällt uns der ,Sekundärprozess' ein. Vergleichen wir dieses relationale psychoanalytische Konzept mit der Aussage von Butler, indem wir sie mithilfe von Gedankenstrichen nebeneinander stellen. Rufen wir uns dazu einen zentralen Satz von Loewald in Erinnerung, der lautet: Im Sekundärprozess werden ,das Selbst und der Andere' – die ,Subjekte', ,innen und außen' – ,soziale Strukturen', aus der ursprünglichen Einheit ,hergestellt' – ,sinnstiftend (re)produziert'. Was dabei gemeinsam als Fiktion enthüllt wird, ist nicht das Erleben von Identität, sondern die Auffassung, diese könnte jenseits kultureller Ordnungs- und Hierarchiemechanismen gedacht werden.

Im Zuge postmoderner Konzeptionen sind auch eine Reihe neuer Identitäts-Begrifflichkeiten entstanden:

Heiner Keupp (1997), unter dessen Leitung in den 1990er Jahren ein empirisches Forschungsprojekt lief, dessen zentrale Frage war, wie Identität heute theoretisch fassbar gemacht werden könnte, spricht dabei von „Patchwork-Identität". Wolfgang Kraus und Beate Mitscherlich (1997, 167) begreifen „Identität als Strategie" und formulieren:

> „Identität ist dann nur noch das, was einer zu einem gegebenen Zeitpunkt an Bezügen bündelt, ohne notwendigen Anspruch auf Allgemeingültigkeit, Dauerhaftigkeit, Kohärenz und Kontinuität."

Zygmunt Baumann spricht von „Augenblicks-Identitäten", „Identitäten für heute" oder „Identitäten bis auf weiteres" (nach Keupp, 1997, 24). Der Soziologe Lothar Krappmann (1997) führt die „balancierende Identität" ein und verweist damit darauf, dass Identität „aus ständiger Anstrengung um neue Vermittlung" zwischen Unstimmigkeiten, Widersprüchen und Veränderungen entsteht. Ulrich Beck, der mit dem Individualisierungstheorem den Wertewandel der ‚reflexiven Moderne' beschreibt, spricht von der „Fragmentierung von Identität", von „Wahlbiographie", „Bastelbiographie" und „Risikobiographie" und betont die Dimension der Selbstkonstruktion.

Fassen wir zusammen, was wir bis jetzt über die postmoderne Problematisierung erfahren haben: Der Begriff ‚Identität' wurde mit der Vorstellung einer intrapsychischen, zu erreichenden Substanz verknüpft und damit zum Problem für ein relationales, prozessorientiertes Denken. Dementsprechend wurde er unter Rückbezug auf die Begriffe ‚Selbst' und ‚Subjekt' weggelassen oder durch neue Identitäts-Begrifflichkeiten ersetzt.

Durch die Überwindung der Vorstellung von Identität als einem stabilen Fundament in uns und der Hinwendung zur relationalen Auffassung und der Prozessdimension von Identität, rückt die notwendig gewordene, von jedem Einzelnen zu leistende „Identitätsarbeit" (Keupp, 1997) in den Fokus. Was ist damit gemeint?

Das alte Sozialisationskonzept mit seinem dualistischen Gedanken der ‚Vergesellschaftung' von Subjekten funktioniert unter postmodernen Bedingungen nicht mehr. Es scheint, als würde der Begriff Sozialisation eben durch den der Identitätsarbeit verdrängt. Helga Bilden (2006, 48) schlägt im Zuge der Entwicklung eines neuen Sozialisationsparadigmas vor:

„den Sozialisations-Gedanken nur noch als Perspektive zu begreifen, unter der sichtbar wird, dass und wie sich Individuen/Subjekte im Prozess ihres Lebens in einer historischen Gesellschaft und Kultur entwickeln und verändern, dabei dynamische innere Strukturen (Persönlichkeitsstrukturen) aufbauen und z.t. mit der Zeit auch wieder verändern und gleichzeitig an der Reproduktion und Modifikation von Gesellschaft mitwirken".

Und weiter: „Es ist Sache von *Identitätsarbeit*, die Heterogenität und Widersprüchlichkeit, die lebensgeschichtlichen Brüche und bereichsspezifischen Teilidentitäten mehr oder weniger kohärent und kontinuierlich zu machen, bewusst oder häufiger durch Abwehrvorgänge." (ebd, 52)

Florian Straus und Renate Höfer legen in „Identitätsarbeit heute" einen Entwurf vor, der die Ergebnisse der o.g. empirischen Untersuchung zusammenfasst. Sie schreiben:

„Subjekte arbeiten (indem sie handeln) permanent an ihrer Identität. Deren Basis(akte) bestehen aus *situativen Selbstthematisierungen*, die unser Denken und Handeln kontinuierlich begleiten." (Keupp, 1997, 273)
Und definieren „Identität (..) als einen (zumeist unbewusst ablaufenden) Regulationsprozess (..), in dem die an Handlungssituationen geknüpften (situationalen) Selbstthematisierungen zu Teilidentitäten integriert werden". (ebd, 296)

Sie betonen bei ihrer Version von Identitätsarbeit die aktiven Leistungen des Subjekts und führen Begriffe wie „Identitätsprojekt", „Identitätsstrategie" und „Identitätsmanagement" ein. (ebd, 292)

Jutta Hartmann betrachtet Identitätsarbeit aus einer biografietheoretischen Perspektive und schreibt:

„Die Selbst-Konstruktionen, die über unterschiedliche Arten der Selbstthematisierung entstehen, werden immer wieder neu und anders erzählt, mit neuen Bedeutungen verknüpft, wodurch sich auch die Identität ändert, die sich das erzählende Individuum gibt." (2006, 249)

Das leuchtet alles ein. Aber: Wer leistet die Identitätsarbeit? Denn je nachdem, wie die Antwort auf diese Frage ausfällt, ist gleich einmal das eben mit Hilfe der Postmoderne überwundene Strukturdenken wieder eingeführt. Oder können wir uns Identitätsarbeit auch jenseits der Frage, wer sie leistet, vorstellen? Lassen wir dazu noch einmal Revue passieren, was wir bisher über Identität gehört haben.

Nehmen wir die Symbolisierungsfähigkeit als Ausgangspunkt. Gehen wir davon aus, dass erst mit der entstehenden Symbolisierungsfähigkeit zwischen Selbst und Anderem unterschieden wird. Wir haben festgestellt, dass TheoretikerInnen ab diesem Zeitpunkt damit beginnen, den Begriff Identität zu benutzen.

Die Symbolisierungsfähigkeit ermöglicht erst einen reflexiven Bezug zu sich selbst.

Lassen Sie uns Identität deshalb als ,distantes Phänomen' bezeichnen. Wie ist das gemeint? Identität ist immer schon reflexiv, das Zurücktreten und Gegenüberstellen, das ,Distanz-Herstellen' in diesem Sinne das ,Wesen' von Identität. Genau genommen sind es viele Distanzen, die von der Identität zurückgelegt werden: Die wechselnden Distanzen zu sich und den Anderen.

Identität ist ihrem Wesen nach reflexiv und kognitiv, dem Bereich der Sprache angehörend. Die Distanzen werden sprachlich hergestellt, verändert und überwunden. Die zurückgelegten Distanzen bestehen aus den Dialogen mit den Anderen und mit sich, darüber wird Identität prozessiert. Sie ist somit nichts anderes als ein Dialogprozess.

Darüber wird uns klar, dass Identitätsarbeit keine von einem Subjekt allein geleistete Handlung ist, sondern Identität tritt nur in dieser prozesshaften Art des Dialogs auf. Identität ist Identitätsarbeit ist Dialogarbeit. Identität bedeutet demnach immer Werden oder Geworden-Sein. Das heißt aber auch, dass in einer postmodernen Fassung des Phänomens Identität, darauf nicht mehr mit der Frage „Wer bin ich?" verwiesen wird. Die Identität ist jetzt vielmehr die Antwort auf „Wie werde ich?", „Wie bin ich geworden?" oder noch präziser „Welche Dialoge führen wir über mich?"

Schließen wir den Kreis des ersten Kapitels indem wir Identität von ,Psyche' abgrenzen. Lassen Sie uns darüber die Frage nach der Rolle, die Identität in unserem Leben spielt, noch einmal aufgreifen und sehen, warum trotz postmoderner Kritik Identität der Zentralbegriff dieses Buches ist.

1.3 Identität und Psyche

Hat die Frage „Wer bin ich?" in der Postmoderne gar keine Berechtigung mehr? Der Zweifel wird auch geschürt, wenn wir überlegen, wie wir uns diese Frage beantworten. Wir meandern dabei von der Vergangenheit in die Zukunft, beginnen Aspekte unseres Lebens zu benennen, rufen unseren Namen auf oder benutzen achselzuckend die Tautologie: Ich bin eben ich. Warum können wir diese Frage nicht beantworten, sondern uns nur annähern mit vorläufigen Versuchen?

Die Antwort: Eben weil es eine Frage ist. Eine Frage gehört in den Bereich der Sprache, die Antwort auf diese Frage aber nicht, oder genauer, nicht nur. Sie berührt unsere leiblich-sinnliche und empfindende Existenz. „Wer bin ich?" fragt auch nach dem Sein, aber das bildet eine Grenze mit der Sprache. Es ist nicht die Frage, die keine Berechtigung hat, sondern die Suche nach einer Antwort im Bereich der Sprache.

Denn was wir von dem Konstrukt Identität unterscheiden können und müssen und was sich dazu in Beziehung setzen lässt, ist das leiblich-sinnliche und empfindende Dasein. Ich möchte dafür den Begriff ‚Psyche' benutzen. Er ist selten im aktuellen wissenschaftlichen Diskurs als Hauptwort anzutreffen. Obwohl über das Adjektiv ‚psychisch' oder ‚psycho..' darauf Bezug genommen wird als wäre es selbstverständlich, was unter Psyche zu verstehen ist. Warum diese auffallende Leerstelle, die akademische ‚Nicht-Diskussion' von Psyche, von der eine Disziplin immerhin ihren Namen ableitet?

Sehen wir uns in einer ersten Skizze ‚die Psyche' in Abgrenzung zu Identität an. In welchem Verhältnis sind Psyche und Identität zu denken?

Wir haben gesehen, dass Identität dem Bereich der Sprache angehört. Bei Loewald und Mitchell haben wir gelesen, dass es eines Prozesses jenseits des Identitätsprozesses bedarf, um diesen überhaupt zu begründen. Loewald meinte, dass dieser auf das Sein verweise. Schließen wir uns dem an und sagen, was die Sprache für die Identität, ist das Sein für die Psyche. Der Grenze zwischen Ich und Du sind wir schon begegnet, jetzt wandern wir an der zwischen Sprache und Sein.

Wir gehen also davon aus, dass Psyche nicht sprachlich, sondern leiblich-sinnlich existiert. Eine Annahme, die auch der griechische Wortgehalt ‚Hauch/Atem' andeutet. Da wir der Psyche deshalb aber keine quasi-materialisierte Wesenhaftigkeit zuschreiben wollen, kommen wir stattdessen auf das von Mitchell beschriebene undifferenzierte psychische Feld zurück. Stellen wir uns mit ihm vor, dass Psyche nicht aus einem ‚Nichts' zu einem ‚Etwas' wird, sondern über die Abgrenzung von einem ‚Alles'. Wir haben bei Mitchell verstanden, dass die Differenzierung und Formung des ‚Alles', des Zustandes des Eins-Seins eine psychische Leistung ist. Und dass diese Differenzierung nur ‚in Beziehung' gedacht werden kann, Psyche demnach wie Identität ein relationaler Prozess ist.

Die Relationalität der Identität realisiert sich als Dialogprozess. Wie können wir uns die Relationalität der Psyche vorstellen? Versuchen wir es vorläufig mit einer Analogie. Maurice Merleau-Ponty (1966, 178f.) schreibt folgendes in seinem Buch ‚Phänomenologie der Wahrnehmung' unter der Überschrift ‚Räumlichkeit und Sinnlichkeit':

> „Leib sein (..) heißt an eine bestimmte Welt geheftet sein, und unser Leib ist nicht zunächst im Raum: er ist zum Raum. (..) Die Räumlichkeit des Leibes ist die Entfaltung seines Leibseins selbst, die Weise, in der er als Leib sich realisiert."

Lehnen wir uns an und denken: Psyche sein heißt an Andere geheftet sein und unsere Psyche ist nicht zunächst mit den Anderen, sie ist zu den Anderen. Was die Räumlichkeit für den Leib, ist die Relationalität für die Psyche: Die Entfaltung des Psycheseins selbst und damit die Weise, wie sie sich als Psyche realisiert. Auch Psyche ist demnach eine Aktivität, die immer schon Interaktivität ist. Psyche und Identität sind beide relationale Prozesse, aber Identität verweist auf einen distanten Dialogprozess und Psyche auf einen leiblich-sinnlichen Differenzierungsprozess.

Wir sind der Psyche schon die ganze Zeit begegnet und zwar über die erste Phase unseres Lebens vor der Symbolisierungsfähigkeit. Aber: Ich kann die Sichtweise nicht teilen, dass die in den ersten Lebensmonaten ‚in die Psyche eingeschriebenen' Interaktionserfahrungen diese ein Leben lang im Wesentlichen ausmachen, das ist Substanz- und Strukturdenken. Und dennoch: Es kann kein Zweifel an der Besonderheit der ersten Lebenserfahrungen des Babys bestehen, das haben wir auch mit Winnicott sehen können.

Postmodern können wir aber Psyche wie Identität nur als lebenslangen Prozess denken. Insofern die Symbolisierungsfähigkeit als psychische Fähigkeit zu begreifen ist, ‚emergiert' Identität aus dem psychischen Prozess. Die Psyche entsteht aus dem psychischen Feld und ‚lebt' in Bindungen und Beziehungen. Die Identität ‚lebt' in Dialogen. Beide Prozesse bedingen sich gegenseitig: Der psychische Prozess legt die Dialogarbeit/die Identität nahe, regt sie an, fordert sie ein, verlangsamt oder verhindert sie und die Identitätsdialoge verändern den psychischen Prozess. Gemeinsam machen sie unser menschliches Leben aus, das wir nicht ‚haben', sondern leben.

Wenn wir uns fragen, warum wir sind, wer wir sind, fänden wir die Antwort demnach nur in der Union ‚Psyche-Identität'. Das Reden und Schreiben über Psyche verfremdet ihr Sujet aber notgedrungen fundamental. Die Psycho-Logik kann mit der sprachlichen Logik immer nur unzureichend erfasst werden. Vielleicht ist deshalb bei Texten über den psychischen Prozess häufig eine lyrische Sprache zu beobachten. In der Praxis, in therapeutischen oder pädagogischen Prozessen sind wir im Dialog und in Beziehung. Insofern entfaltet sich die Logik der Psyche dabei viel unmittelbarer als dies in einer sprachlichen Reflexion und Theoriebildung möglich ist.

Identität ist der Zentralbegriff dieses Buches. Wenn wir auch das Licht auf die Identität richten, ist in ihrem Schatten Psyche doch immer schon vorhanden. Wir haben gesehen, dass Identität eine zentrale Rolle in unserem Leben spielt, die heimliche Hauptrolle aber geht an die Psyche. Die Identität zeichnet aus, dass wir uns über sie verständigen können; zu begreifen ist sie aber nur verschränkt mit Psyche.

Legen wir also fest, wie wir den Begriff Identität in diesem Buch benutzen wollen. Die Essenz unseres Verständnisses ist: Identität ist ein Dialogprozess.

In dieser Kurzdefinition stecken die drei zentralen Dimensionen von Identität, die wir aus den theoretischen Diskursen ableiten können und die in der weiteren Entwicklung des Buches relevant sind. Das ist zunächst die Auffassung von Identität als Prozess, zum zweiten wird die relationale Sichtweise auf Identität über den Wortteil Dialog transportiert und dieser verweist zum dritten auch darauf, dass Identität dem Bereich der Sprache angehört. Identität ist ein relationaler, sprachlicher Prozess.

Identität emergiert aus dem psychischen Prozess, mit dem sie in einem Wechselverhältnis steht. Identität führt uns damit in das Grenzgebiet von Sprache und Sein.

Wir behalten den Begriff Identität trotz postmoderner Problematisierung, weil er nur dann verworfen werden muss, wenn man den Wortgehalt ‚Dieselbigkeit' übersetzt als ‚dieselbe, lebenslang anhaltende Identitätsstruktur'. Da wir stattdessen ‚dieselbe lebenslang anhaltende relationale Dialogarbeit' darunter verstehen, ist er weiterhin uneingeschränkt sinnvoll. Damit sind wir im Grenzgebiet zwischen Ich und Du.

Identität ist ein ‚distantes Phänomen'. Wir haben keine Identität, sondern sie ‚geschieht', wir ‚machen' sie. Wobei wir uns dieses Geschehen, diesen Distanzen überwindenden oder herstellenden Dialog nicht als Gerade zwischen zwei Punkten vorstellen. Identität läuft nicht wie am Schnürchen, sondern dieses Geschehen gleicht wohl eher der wundersamen und unvorhersehbaren Verkettung von Strecken und Räumen wie sie Alice im Wunderland in unterschiedlichen Tempi durchschreitet. Mal läuft es, dann wieder nicht.

Schließlich kann Identität nicht herangezogen werden als Antwort auf die Frage „Wer bin ich?". Stattdessen verweisen darauf die Fragen „Welche Dialoge führen wir über mich?" oder „Wie bin ich geworden?"

In einem Gedankenspiel könnten wir sagen, dass die Identität einer Person mit dem Zeitpunkt ihres Todes zusammenfällt. So gedreht ist der Mensch, wenn er gestorben ist nicht nur dem Anderen gleich, sondern auch mit sich identisch. Eine Leiche ist zu ‚identifizieren' und das auch nur, weil sie nicht mehr mitreden kann.

Aber noch leben wir und ‚identitätsarbeiten' oder lassen unsere Identität laufen.

Schauen wir, wie es unseren Kindern geht.

Gehen wir dazu auf einen Sprung in mein Zimmer im Wichern Zentrum. Erleben Sie mit mir die Begegnung mit einem Kind. Ich schildere Ihnen dieses konkrete Erlebnis, weil es für Wahrnehmungen aus der Praxis steht, die die Idee zu diesem Buch angestoßen haben. Sehen wir uns an, wie Identitätsdialoge aussehen können, wenn sich (mindestens) einer von beiden unannehmbar fühlt, um daran anschließend die These des Buches zu entwickeln und die Identitätsarbeit von Kindern unter dieser Perspektive genauer zu betrachten.

Es sitzt ein Kind unter meinem Tisch

Ein Kind sitzt unter meinem Tisch – es könnte jedes der Kinder, die Sie auf den Bildern sehen, sein; tatsächlich ist es keines davon. Aus einem Meer von Schweigen und Rückzug wogen Wellen der Ablehnung und Provokation, des Misstrauens hervor. Einfach miteinander reden erscheint nicht nur vollkommen sinnlos, es funktioniert schlicht auch nicht. Äußerungen von mir prallen ab, die Äußerungen des Kindes führen in eine Sphäre, die sich verrückt und schwierig anfühlt. Die Frage nach dem langen Weg, auf dem dieses Kind in mein Zimmer und unter meinen Tisch geraten ist, tritt zunächst in den Hintergrund aufgrund der sofort sich einstellenden Dichte und Intensität im Raum. Es ist eindeutig etwas im Gange zwischen uns, obwohl ich das Kind gerade erst kennen lerne. Ich merke, dass dieses Kind die Situation gestaltet und nicht ich. Ich lehne mich zurück. Ich spüre, jetzt gilt es erst einmal auszuhalten, was gerade passiert. Aber was passiert denn? Was bekomme ich hier angeboten? Wenn ich überhaupt direkt adressiert werde, lautet der Inhalt „Lass mich in Ruhe" oder „Ich mach nicht, was Du willst." Wie komme ich da überhaupt auf die Idee, dass das Kind ein Angebot macht? Da funkelt sie auch schon aus den Augen, die Einladung, die die Frage enthält „Na, was machst Du jetzt?", die mich auffordert hinzusehen. Diese Blicke, sie checken ab, wie ich reagiere. Ich bekomme ein Beziehungsangebot, paradox, mir wird angeboten, mich abzuwenden, eine Grenze zu ziehen zwischen uns. Mir wird angeboten, den Grenzbereich schleunigst zu verlassen in Richtung sicheres Gebiet. Ich müsste nur sagen „So geht das nicht. Jetzt komm hier mal raus unter meinem Tisch." Äußerst unwahrscheinlich, dass das tatsächlich so passieren würde, aber meine Ansage wäre wenigstens klar. Ich lasse es und lasse das Angebot noch einmal auf mich wirken. Bin ich zu einer Prüfung eingeladen?

Ja, es findet eine Prüfung statt, meine Reaktionen werden geprüft, offensichtlich mache hier nicht ich die Diagnostik, sondern das Kind. Aber diese Diagnostik scheint mir wenig vorhersagbar, es fühlt sich mehr so an als stünde ich vor einer orakelnden Sphinx. Das Kind überprüft die eigene aktuelle Wirklichkeit, mit der es gleichzeitig auf Kriegsfuß steht, an mir! Das Angebot gleicht einer Kampfeinladung. Aber worum kämpfen wir? Ich kämpfe um meine Position, darum, dass die Situation erträglich bleibt, ich kämpfe mit widerstreitenden Gefühlen und Impulsen, ich ringe um eine Sprache, die wir gemeinsam benutzen könnten. So, wie das Kind mich anspricht, will ich nicht adressiert werden. Nicht vor allem deshalb, weil die Art inakzeptabel ist, das auch, aber das ist nicht der Punkt. Viel unerträglicher ist die Position, die mir bei diesem Kampf angeboten wird. Ich soll ein vernichtendes Urteil fällen, weil ich keine Chance sehe. Ich soll zu dem Schluss kommen, das Verhalten ist inakzeptabel, das Kind unannehmbar. Ich ahne, dass sich das Kind selbst so fühlt. Und dass es darum geht, zu überprüfen, ob ich das auch so sehe. Ich soll die Sphinx sein. Das Kind will mit mir die Frage „Wer bin ich?" verhandeln, die es in der Variante „Mich kann man doch nicht aushalten, oder?" stellt. Ist das seine Konstruktion zur eigenen Identität?

Susanne Probst-Marciniak

Fotografien, November 2008

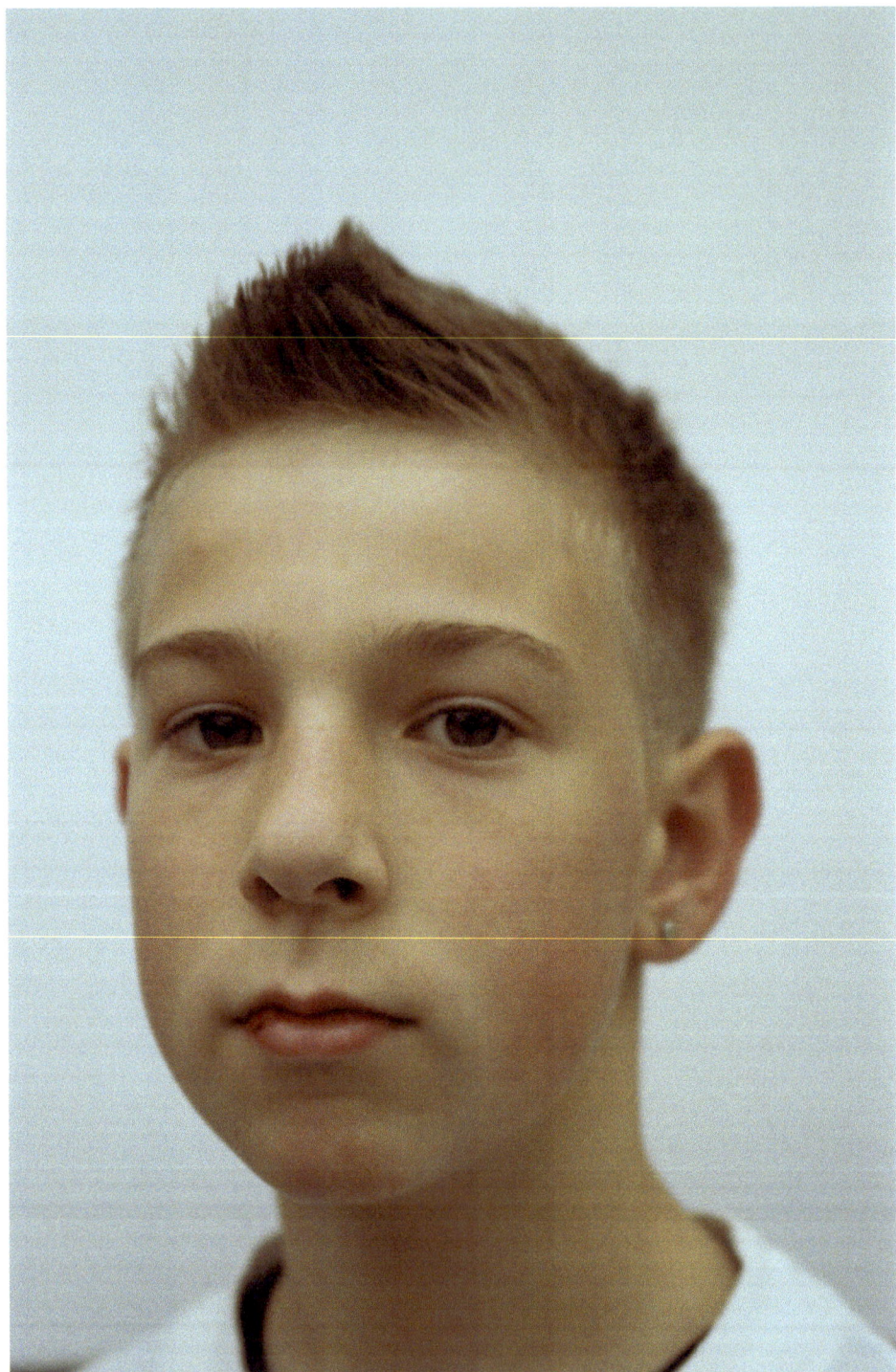

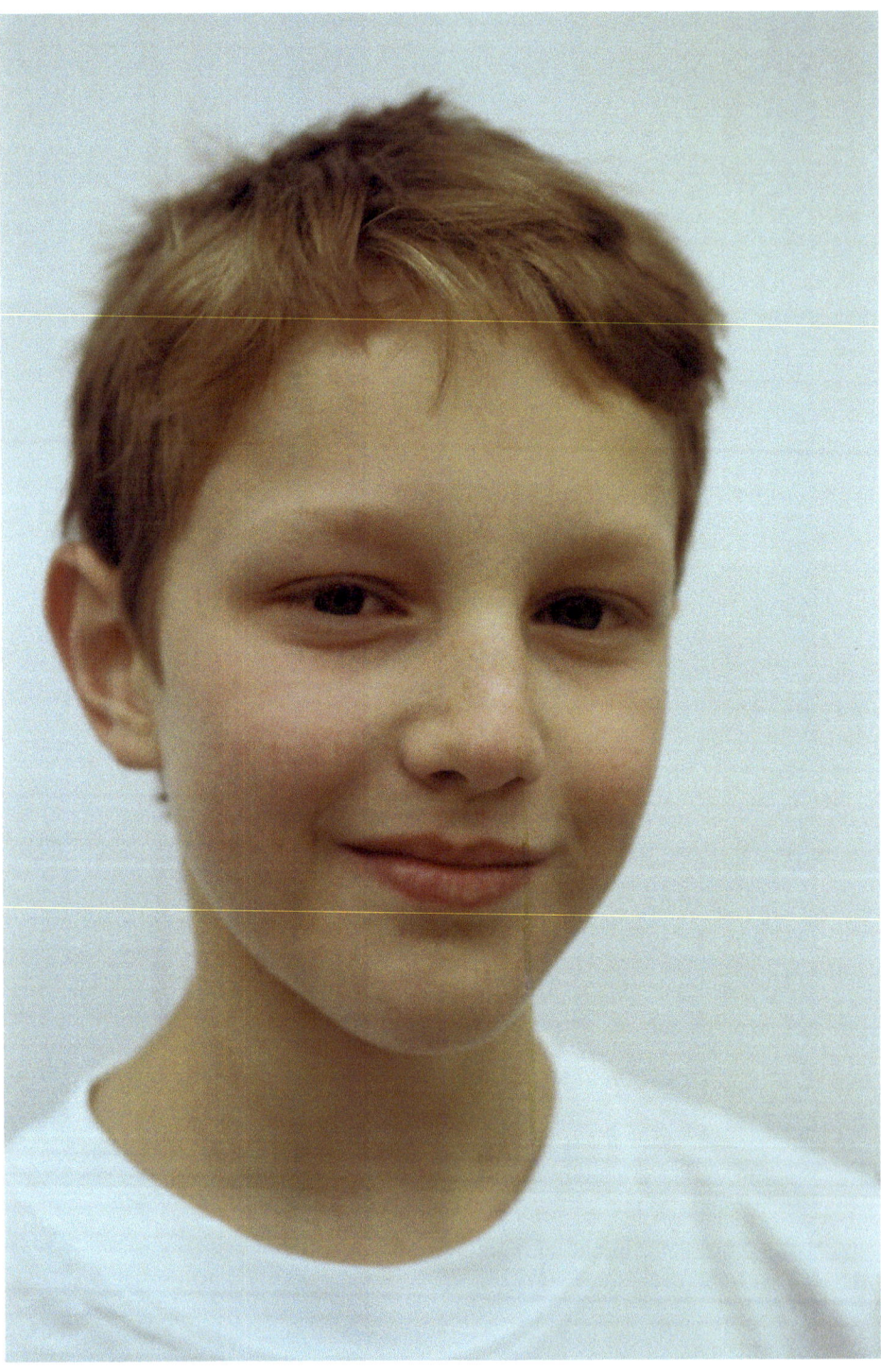

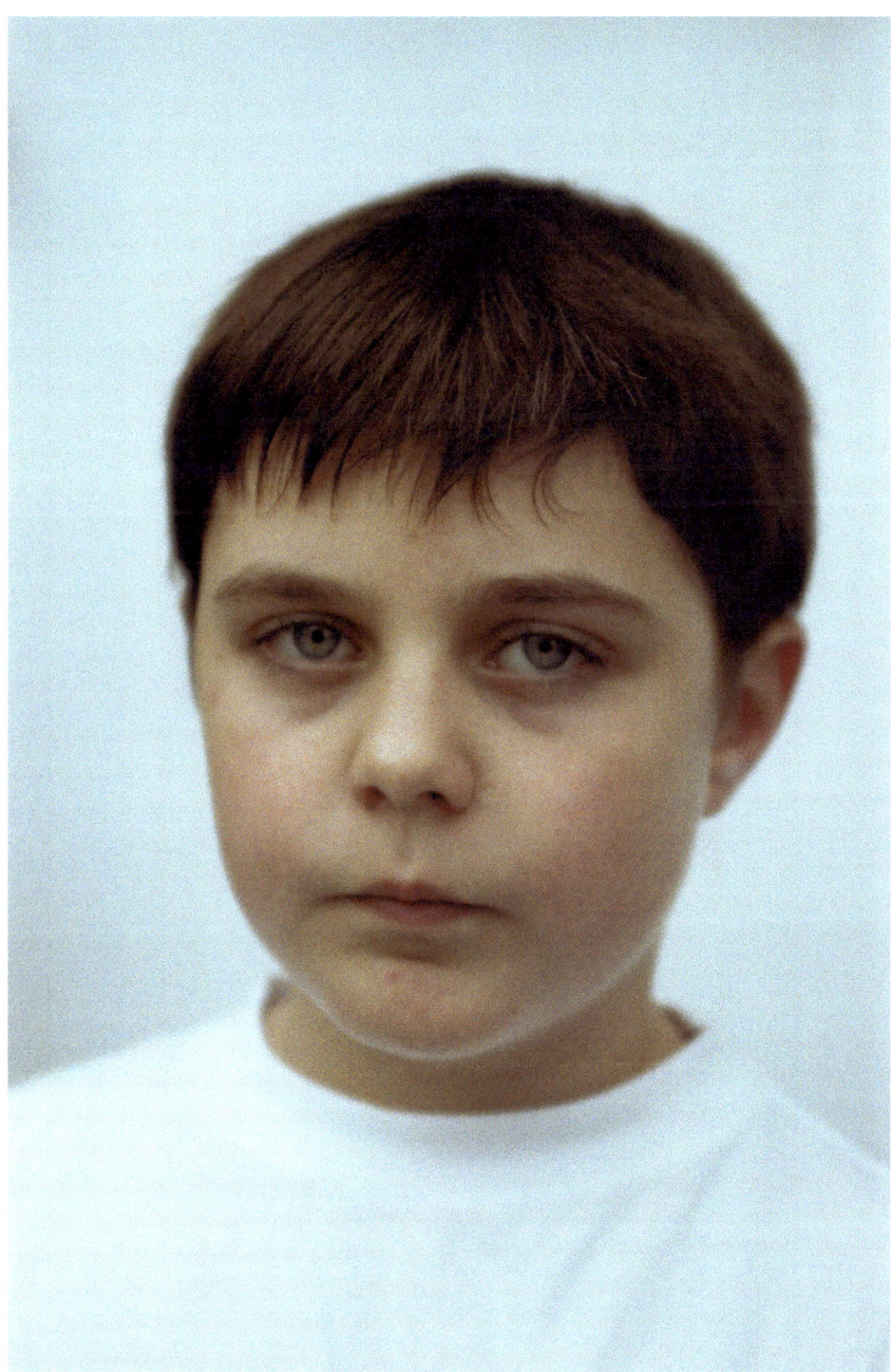

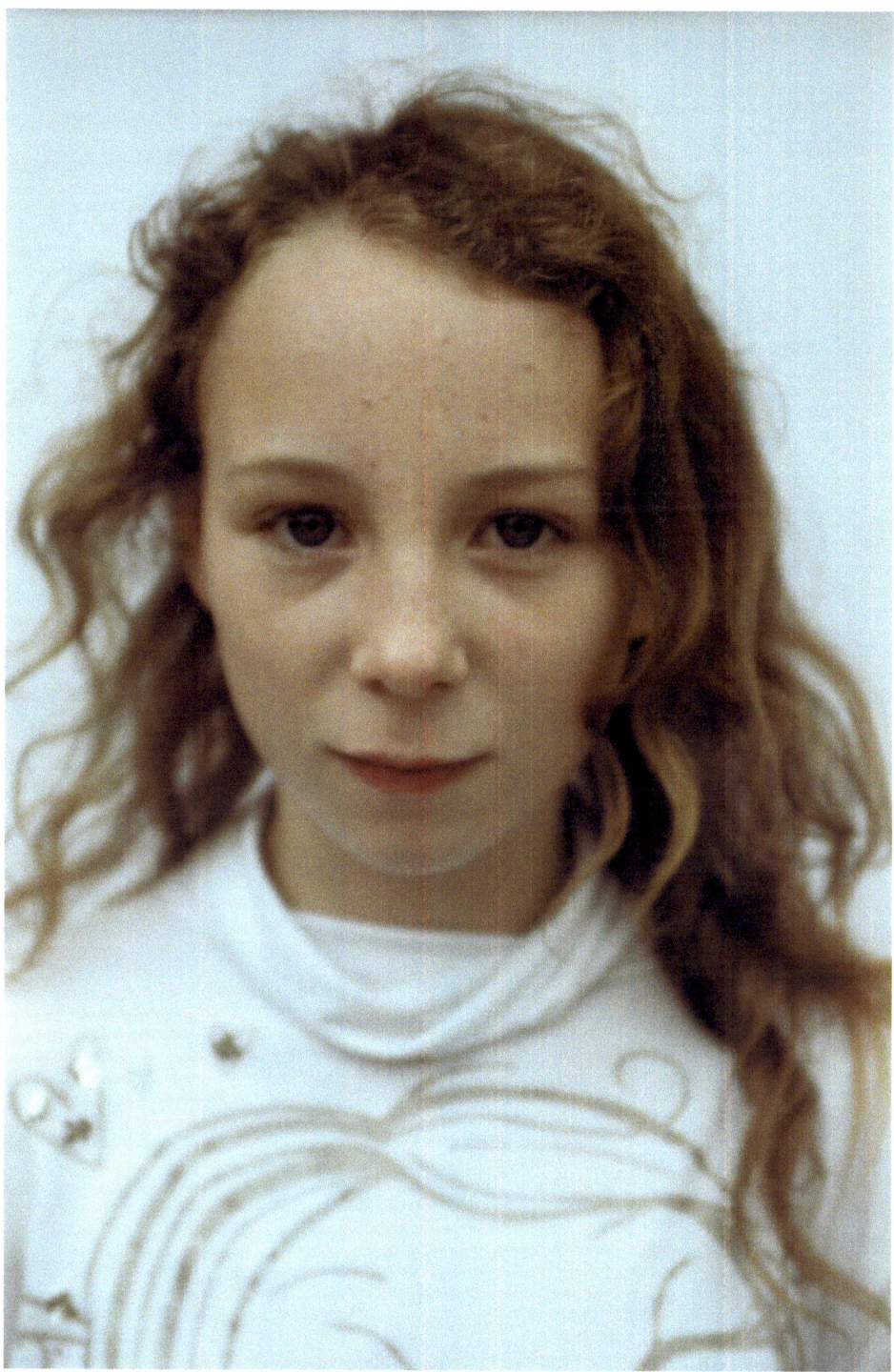

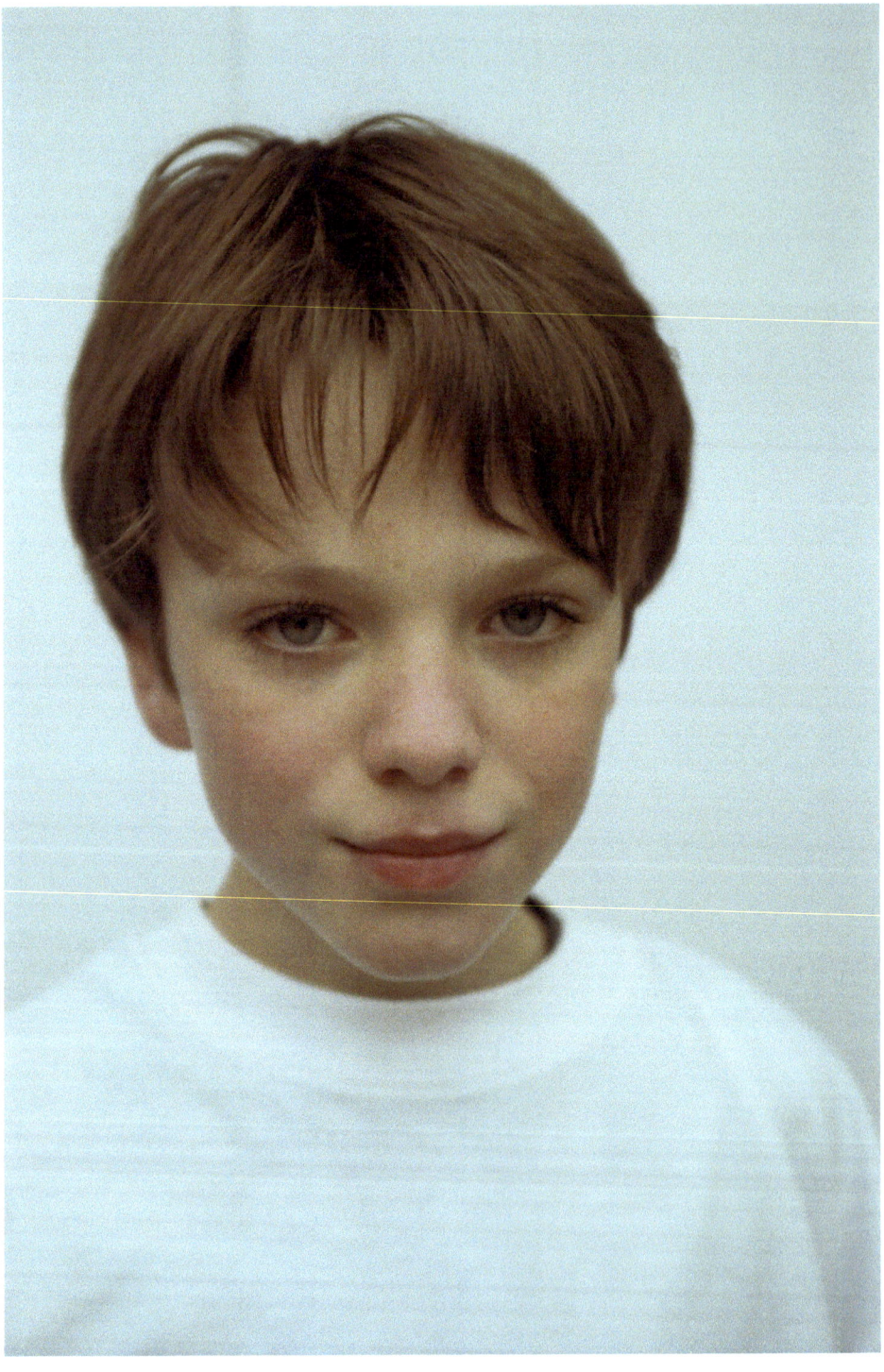

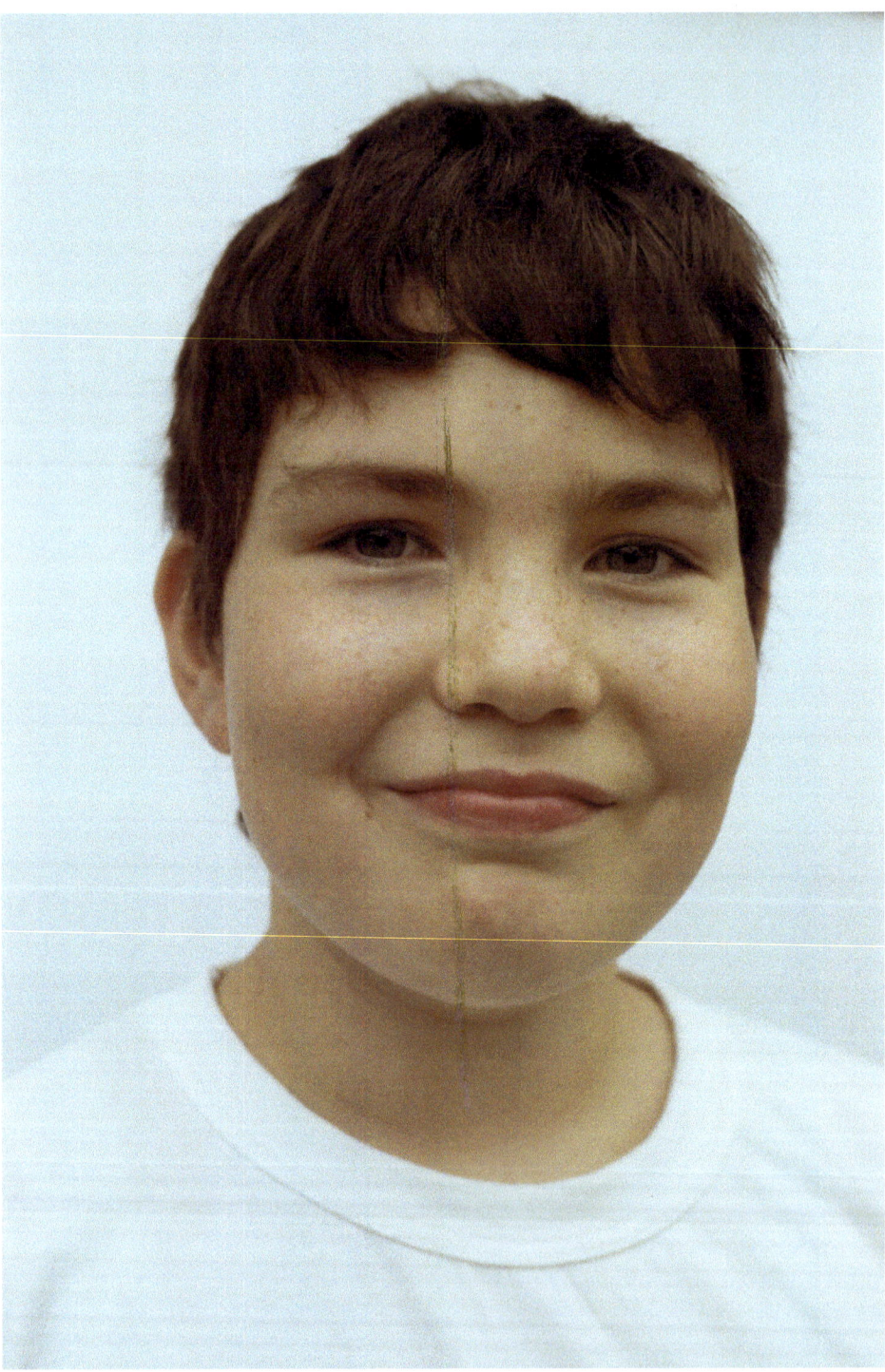

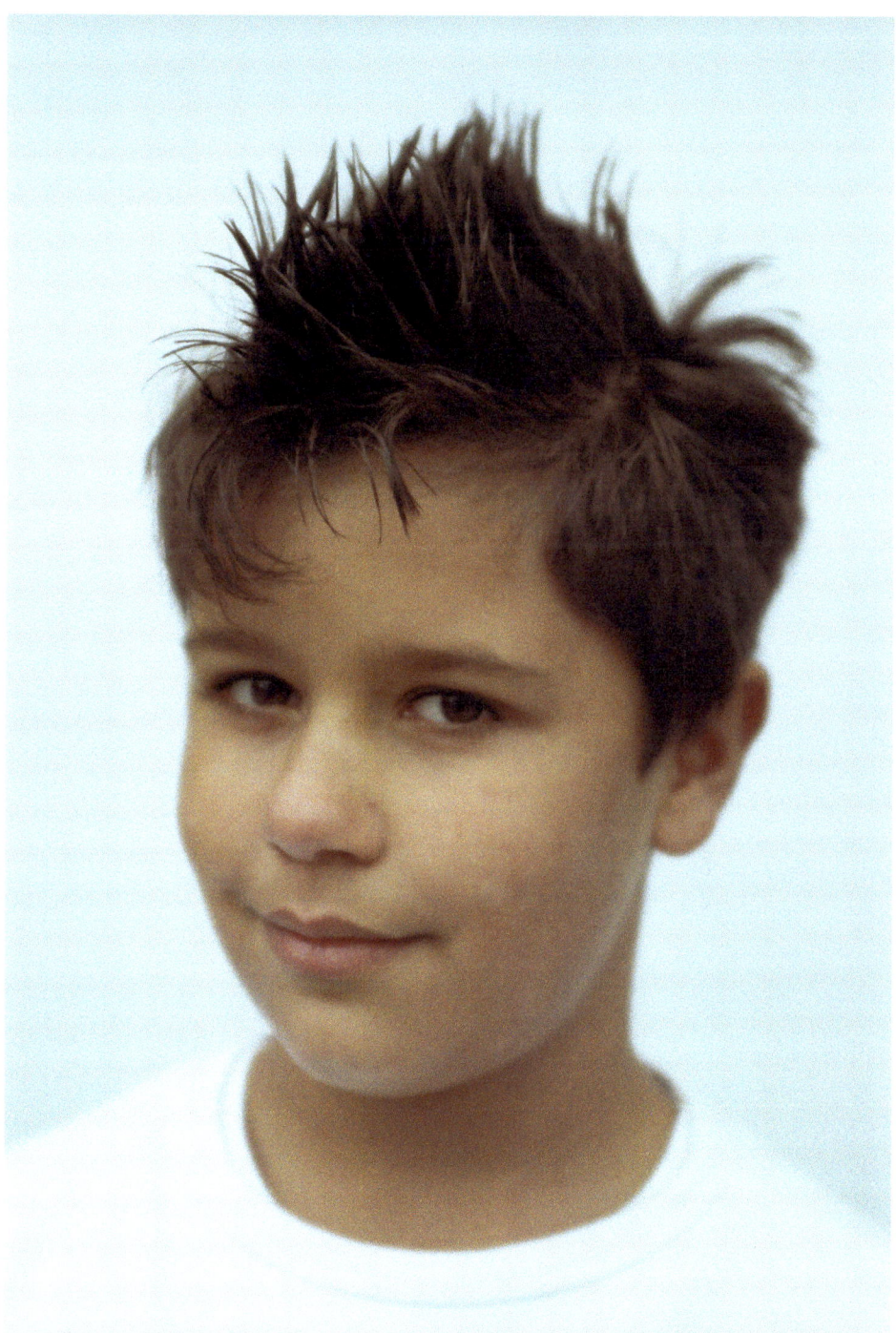

2 Identitätsarbeit von Kindern

Kommen wir zu der Ausgangsfrage des Buches:

Welche Konsequenzen hat es für die Identität von Kindern, wenn in ihren Biographien Stigmatisierungen wie ‚verhaltensauffällig' oder ‚psychisch gestört' eine zentrale Rolle spielen?

Im folgenden werden wir den Grundgedanken herleiten, der lautet: Über diese Stigmatisierungen kommt es für die Kinder zu einer ‚Unannehmbarkeit der eigenen Identität'. Welchen neuen Blick können wir gewinnen, wenn wir dieser These folgen? Und welche Folgen hat es für den Lebenslauf und die Biographie der Kinder?

Fangen wir an, mit dem, was uns begegnet und fragen uns:

2.1 Was ist ein ‚gestörtes' Kind?

Szenen wie die geschilderte zwischen dem Kind und mir spielen sich täglich in Familien und sozialen Einrichtungen ab. Die Ausgangslage der Kinder, die uns beschäftigen, besteht darin, dass sie psychosoziale Schwierigkeiten haben und machen. Die Arten ihrer Schwierigkeiten sind dabei ganz verschieden, aber für Eltern und Menschen, die beruflich mit diesen Kindern zu tun haben, höchstvertraut. Sie können als Opposition, Provokation und Aggression oder als Rückzug, Verstecken und Davonlaufen daherkommen. Sie können sich in Aufmerksamkeits- und Konzentrationsproblemen, körperlichen Symptomen, verzweifelten emotionalen Zuständen oder in einer Mischung aus allem äußern. Auch die spontanen Reaktionen der Anderen, die sie hervorrufen, können sehr unterschiedlich sein – vielleicht ist das Gegenüber genervt, geschockt oder gerührt. Gemeinsam ist ihnen, dass sie niemanden kalt lassen. Eine Irritation stellt sich ein: „Was ist los?" und es entsteht das Gefühl: „So geht das nicht!", „So kann es nicht bleiben!". Es gibt einen Leidens- und Veränderungsdruck für diese Kinder und ihre Familien. Der geht Hand in Hand mit der Ahnung „Etwas in meinem Leben ist nicht richtig", „Ich bin nicht richtig" oder aus Sicht der Familie „Mit meinem Kind stimmt etwas nicht." ‚Böse Nachbarn' zischeln, was als eigener Zweifel sticht: „Das Kind ist gestört!"

Der Volksmund hat und macht es sich leicht: „Gestört", zack. „Nicht unser Problem, sollen die schauen, wie sie mit ihrem Balg zurecht kommen – sie werden schon selber Schuld daran sein, irgendeinen Grund wird es haben." So einfach machen es sich Menschen, die sich professionell annähern nicht: Es gibt ein breites Feld an Klassifikationssystemen und Diagnosestellungen.

Was uns hier beschäftigen wird, sind die Mechanismen, die dazu führen, dass wir von ‚gestörten Kindern' reden. Ich stelle die Frage, wie es zu diesem sprachlichen Ausdruck kommt, weil ich – trotz jahrelanger intensiver Arbeit mit Kindern und deren Familien – keine befriedigende Antwort auf die Frage „Was ist ein gestörtes Kind?" gefunden habe. Auch nicht, wenn ich sie in den professionellen Sprachgebrauch übersetze, in dem dann nach den ‚maßgeblichen Faktoren von Verhaltensauffälligkeiten' oder den ‚Entstehungsprozessen von kindlichen Entwicklungsstörungen' gefragt wird. Das könnte als Zweifel an der Aussagekraft der Entwicklungspsychologie oder den Annahmen von therapeutischen Schulen verstanden werden, das wäre aber tatsächlich ein Missverständnis. Denn es geht nicht um eine Kritik an bestehenden Genealogien, der Fokus ist ein anderer. Die Triebfeder, an der Frage dranzubleiben, liegt vielmehr darin, dass trotz der differenzierten Theorien ein darüber hinaus gehender Bedarf an Verstehen geblieben ist. Ich frage nicht nach systemischen, psychoanalytischen oder verhaltenstherapeutischen Erklärungsmodellen, um nur die prominentesten zu nennen sondern richten den Blick auf etwas, was davon unbeantwortet bleibt: Auf den ‚menschlichen Mechanismus', der uns überhaupt Erklärungen, Differenzierungen und Ordnungen finden lässt und verfolge, wie diese dann mit uns in ein Wechselverhältnis treten.

Diesem ‚Mechanismus' nähern wir uns über den Identitätsprozess, indem wir fragen, was sich aus unserer Identitätsdefinition für die Situation von Kindern ableiten lässt, die als ‚verhaltensauffällig' oder ‚psychisch gestört' benannt werden. Welche Interpretationskraft hat das Konzept Identität für das Störverhalten von Kindern? Lassen Sie uns schauen, wie die extremen Lebensäußerungen der Kinder unter der dargestellten Identitätsperspektive begriffen werden können. Was bedeutet ‚unannehmbar-Sein'? Rufen wir die Geister.

Wir haben im ersten Kapitel gesehen, dass Identität alles andere als selbstverständlich ist, dass wir noch nicht einmal eine haben, sondern dass Identität stattdessen ein zwischenmenschlicher Dialogprozess ist. Wir wackeln am Identitäts-Zaun und das Schöne ist, dass uns unsere Identität danach zwar nicht mehr gehört, dafür, paradox ausgedrückt, aber auch noch die der Anderen.

Da der Identitätsprozess nicht einer Person allein zugeschrieben werden kann, betrifft auch jede beliebige andere Zuschreibung nie nur den damit bezeichneten Menschen, sondern immer die Beziehung zwischen den Dialogpartnern. Die Sprache aber ist eine Sirene, sie verlockt uns zu glauben, dass das, was durch sie ausdrückbar ist, auch wirklich so existiert. Sie macht uns glauben, wir hätten eine Identität und diese sei konkret und bestimmbar. Sie täuscht uns über die Dynamik und Plastizität von Identität. Diese Täuschung gelingt ihr so gut, weil sie damit rechnen kann, dass wir zumindest das, was einen Konsens findet, für gegeben halten. Es sind die sprachlichen Übereinkünfte, die Konsensus, in denen wir uns wohl fühlen. Das ist nachvollziehbar, wäre die Welt andernfalls für uns ein unverständliches, vermutlich äußerst beängstigendes Babylon. Das lässt uns anderntags auch nicht weiter über den Zusammenhang von Sprache und Sein nachdenken. Sprache lullt uns ein in der Illusion, das Bezeichnete und das Bezeichnen stünden in einem eindeutigen Zusammenhang.

Mit Zuschreibungen für andere Menschen verhält es sich zwar schon nicht mehr so eindeutig, denn wir haben längst ein Bewusstsein dafür entwickelt, dass unsere Meinungen nicht objektiv, sondern subjektiv sind. Und auf dieser Ebene wird der Gedanke, dass jede Zuschreibung an eine Person immer auch eine Aussage über die Beziehung macht, vermutlich auf keinen großen Widerstand stoßen: Das ist bereits ein Konsens. Und dennoch verhält es sich mit einer Zuschreibung wie ‚gestört‘ noch komplizierter. Mit ihr wird transportiert, dass der Adressat gestört ist und der Sprecher nicht, zumindest aber, dass es einen Unterschied zwischen gestört und nicht-gestört gibt.

Wir treffen auf die ersten Geister. Denn was wir aus der Konzeption von Identität als Dialogprozess folgern müssen, ist, dass es diese Unterscheidung so nicht geben kann. Eine Zuschreibung ist nicht nur subjektiv, sondern intersubjektiv. Eine gestörte (oder nicht-gestörte) Identität im bisher angenommenen Sinn könnte es nur geben, wenn Identität eine Substanz oder Struktur ‚in‘ einer Person wäre. Da Identität aber ein Prozess ist, kann nur dieser gestört sein. Wenn wir die Übereinkunft, die uns einem anderen Menschen eine Störung zuschreiben lässt, so betrachten, müssen wir feststellen, dass wir einer besonders üblen sprachlichen Objektivierung aufsitzen.

Soll das bedeuten, dass die wahrgenommenen Störungen Illusionen sind und Sprache willkürlich ist? Wer radikal denkt, bejaht das, wir denken hier aber moderat und verneinen deshalb. Wir erleben Störungen und sie betreffen uns ganz ‚real‘. Aber die Störung kann nicht ‚in einem Menschen‘ liegen und zwar, weil wir verstanden haben, dass es dieses ‚Innen‘ so nicht gibt. Die Störung kann nur im zwischenmenschlichen Prozess liegen. Da Identität aber nichts anderes ist und sie gleichzeitig ein bestimmtes Leben bezeichnet, kommen wir zu der sprachlichen Übereinkunft, den Menschen, der dieses Leben lebt, gestört zu nennen. Das ist ein äußerst fahrlässiger Umgang mit Sprache, hat er doch für die Menschen, an denen eine Störung objektiviert wird, beträchtliche Konsequenzen. Statt zu sagen „Du störst." und damit auf den gemeinsamen Prozess zu verweisen, sagen wir „Du bist gestört!". Das schauen wir uns genauer an.

Wie kommen wir überhaupt zu so einer stigmatisierenden Zuschreibung? Fragen wir wieder, was uns begegnet: Kinder mit Verhaltensauffälligkeiten. Uns fallen also Kinder auf. Sie fallen uns auf, weil sie das Zusammenleben stören und sie uns dadurch auffordern, den Blick auf sie zu richten. Wir kommen dieser Aufforderung nach, schauen sie an und machen dabei etwas, was die Sprache zulässt: Wir geben dem Kind einen anderen Namen. Wir sagen nicht, aha, hier sind wir also gestört, hier ist ein gestörter zwischenmenschlicher Prozess, sondern wir ordnen die Störung zu, das Kind ist gestört.[2]

Häufig ist es so, dass die ersten, die von einer ‚Störung des Kindes' sprechen, nicht zu dem Kreis der Familie gehören. Gestört fühlen sich zuerst andere Eltern stellvertretend für ihre Kinder, gestört wird zunächst der reibungslose Ablauf einer Kinderkrippe, eines Kindergartens oder die Praxisroutine eines Kinderarztes. Manche Eltern sprechen davon, dass sie gespürt haben, dass es mit ihrem Kind nicht so ist wie bei anderen Kindern und ihren Eltern, zu einem ‚Problem' wurde es aber erst in außerfamiliären Beziehungszusammenhängen. Und einige Eltern sprechen auch von einer eigenen Irritation erst, nachdem Außenstehende eine Störung bemerkt haben. Nicht wenige äußern sich dahingehend, dass das Kind für Sie eigentlich kein Problem sei, dass sie sich arrangieren würden, dass es im Kontakt mit anderen aber zu Schwierigkeiten komme. ‚Gestört' sind also zunächst einmal die Anderen.

Die erste Konsequenz, die wir aus unserem Identitätskonzept ziehen, ist die, dass wir nicht mehr von ‚gestörten Kindern', sondern von ‚störenden Kindern' sprechen wollen. Wir nehmen diese Umformulierung vor, weil wir gesehen haben, dass Identität ein Dialogprozess ist und die Stigmatisierung ‚gestört' somit Ergebnis eines von uns geführten Dialogs ist, in dem wir über Sprache eine ‚Wirklichkeit' schaffen, die auch ganz anders konzipiert werden kann.

Schauen wir uns die Dynamik solcher Dialoge genauer an. Gehen wir dazu wieder zu unserem Ausgangspunkt zurück: Uns fällt ein Kind auf, weil es stört. Gerade haben wir ‚gestörtes Kind' in ‚störendes Kind' umkonzeptionalisiert, schon stehen wir vor der nächsten Herausforderung. Jetzt müssen wir uns mit dem Begriff ‚Stören' auseinandersetzen. Welche Bedeutung schreiben wir dem Stören eines Kindes zu? Wie können wir das Stören jenseits der individuellen Lebensgeschichte begreifen?

---

2 Ich vereinfache an dieser Stelle bewusst, um dem Mechanismus leichter auf die Spur zu kommen. Denn natürlich beachten wir das soziale Umfeld des Kindes und die dort stattfindenden zwischenmenschlichen Prozesse. Im Gegenteil, es ist schon zu einer neuen Selbstverständlichkeit geworden, das Familiensystem zu betrachten und nicht isoliert das Kind. Es spielt für das, worauf wir hinaus wollen, aber keine Rolle, ob wir einem einzelnen Kind oder einem Familiensystem die Störung zuschreiben.

Stören ist ein interessanter Begriff, weil er sich offensichtlich auf eine inter-
subjektive Dynamik bezieht. Stören ist eine Art von Dialog. Zumindest ein Dialogversuch, der allerdings beim Gegenüber vermutlich nicht gut ankommt. Ein
‚Dialogversuch', weil Stören sich zwar auf den Anderen bezieht. „Ich störe!"
verlangt nach dem „Wen?" oder „Was?", aber es ist ‚nur' ein Versuch, denn der
Dialog kann auch darin stecken bleiben. Wir können sagen: Stören ist Hoffen auf
Dialog.
        Dialog wiederum ist Identitätsarbeit. Jetzt können wir Stören als Identitäts-
arbeit begreifen. Allerdings nicht als eine, die wie am Schnürchen läuft. Und wer
ein störendes Kind kennt, wird mir sofort zustimmen, dass sich seine Lebensäußerungen auch nicht wie ein schlechter Spaß anfühlen, sondern wie harte Arbeit,
vor allem für die Kinder selbst und in gleicher Weise für ihre Familienangehöri-
gen und immer wieder auch für professionelle Helfer.
        Wofür arbeiten diese Kinder? Sie arbeiten für andere Bedeutungen in ihrem
Leben, sie signalisieren uns, dass sie den zwischenmenschlichen Raum, in dem
sie sich befinden, nicht aushalten können. Sie vermitteln den anderen Kindern
und Erwachsenen um sie herum: „Ich will Veränderung!" Insofern könnte man
sagen, dass sie im Rahmen ihres kindlichen Handlungsspielraumes höchst verantwortlich um ihre Identität kämpfen. Stören ist Identitätsarbeit, die zum Identitätskampf ausartet. Diese Kinder kämpfen, weil sie einen Leidensdruck haben,
der spätestens ab dem Zeitpunkt, zu dem sie über die Stigmatisierung ‚gestört' in
einen Raum ‚gebann(er)t' werden, der nicht akzeptabel ist, eben auch dadurch
entsteht.
        Wir können annehmen, dass der ursprüngliche Anlass für diese Kinder zu
stören auch schon in einem gestörten Dialog liegt, in einer Art von ihren Bezugspersonen adressiert zu werden, die sie so nicht aushalten. Diese Frage zu
stellen, ist wichtig, aber hier nicht unser Thema. Wir fokussieren die Dialoge, die
wir gemeinsam führen, die wir mit unserer Fachsprache hervorbringen und den
daraus entstehenden Leidensdruck und Identitätskampf.
        Die störenden Kinder machen uns deutlich, dass diese Dialoge für sie nicht
in Ordnung gehen. Sie machen uns aufmerksam, dass wir uns in einem ‚gestörten Dialogprozess' befinden. Dem dialogischen Mechanismus des Identitätsprozesses können wir uns nicht entziehen, er findet statt, ob wir ihn (so) wollen oder
nicht, er ist derzeit unsere Art auf der Welt zu sein. Diese Kinder sind Identitäts-
AktivistInnen, die radikalisiert werden, weil sie mit dem Rücken an der Wand
stehen, bezüglich ihrer Identität, weil sie nicht als gleichberechtigte DialogpartnerInnen behandelt werden. Anders als kämpfend können sie nicht (mit-
ver)handeln. Mit Erikson (1992, 42) ist für mich klar: „Die Symptome sind
merkwürdig – die Kinder aber nicht."

Sie stören den über sie geführten Identitätsdialog und verweigern sich, weil das Dialogangebot, das ihnen gemacht wird, für sie nicht annehmbar ist. Identität kann nicht misslingen, sie passiert, aber es kann misslingen auf die Frage „Welche Dialoge führen wir über mich?" eine akzeptable Antwort zu finden. Wenn dies der Fall ist, schlage ich vor, von einer ‚Unannehmbarkeit der eigenen Identität' zu sprechen und davon, dass dieser Umstand ein Lebensgefühl des ‚unannehmbar-Seins' prozessiert.

Das Problem dabei sind die Stigmatisierungen, die einseitigen Zuschreibungen, die nicht akzeptiert werden, weil sie nicht im Dialog verhandelbar sind. Für Kinder, die ihre Familien verzweifelt sagen hören „Mit meinem Kind stimmt etwas nicht!" und die mit professionellen Psychodiagnosen konfrontiert sind, wird die Identität auf allen Ebenen zu einer Herausforderung.

Die angebotene Position kann nicht eingenommen werden, weil das bedeuten würde, das eigene Lebensgefühl zu verleugnen. Ist es doch zunächst nicht wahrscheinlich, dass es sich für die Kinder so anfühlt, dass sie gestört sind; viel wahrscheinlicher erscheint doch, dass sie sich in einem gestörten Prozess fühlen. Insofern können sie das Dialogangebot nicht akzeptieren. Das ist die Herausforderung, die im Inhalt des Dialogs steckt.

Noch essentieller erscheint mir aber die Störung der Dialogprozesse selbst. Keine reibungslosen Dialoge führen zu können, prozessiert auch unabhängig vom Inhalt ein unannehmbares Identitätsgefühl, eben weil Identität nichts anderes als ein Dialogprozess ist. Wenn nur einige wenige Dialoge gestört sind und die vielleicht noch weniger relevante Andere betreffen, ist das verkraftbar. Wenn aber das Gros der Blicke über einen längeren Zeitraum eine Position anbietet, die nicht akzeptiert werden kann, dann wird die eigene Identität unannehmbar.

Fassen wir zusammen: Ein gestörtes Kind ist ein störendes Kind. Gestört ist der Identitätsprozess, weil die geführten Dialoge nicht auszuhalten und die Dialogangebote nicht akzeptabel sind. Das Stören der Kinder verstehen wir als Identitätsarbeit, die zum Identitätskampf geworden ist. Durch fahrlässigen Sprachgebrauch und Stigmatisierungen chronisch gestörte Dialoge führen für die betroffenen Kinder zur Unannehmbarkeit der eigenen Identität und bringen ein Lebensgefühl des unannehmbar-Seins hervor.

Diese Konsequenzen ziehen wir aus unserem Identitätsverständnis. Von einer moralischen Warte aus entlastet dieser Blick die Kinder und belastet die Erwachsenen. Ganz konkret sind es aber die Kinder und mit ihnen ihre Familien, die durch diesen Identitätsprozess einer enormen Belastungsprobe ausgesetzt sind. Unannehmbar-Sein ist eine Form des Scheiterns im und am Dialog. Im weiteren Verlauf werden wir uns fragen, welche Implikationen diese Perspektive für unseren Umgang mit den Kindern hat. Schauen wir vorher aber noch, was eine unannehmbare Identität für den Lebenslauf und die Biografie der Kinder bedeutet.

2.2 Die Biografisierung des Kinderlebens

Ihnen ist vermutlich aufgefallen, dass ich bei meinen bisherigen Überlegungen keinerlei Unterscheidungen zwischen kindlicher und erwachsener Identitätsarbeit getroffen, sondern immer von einem gemeinsamen Dialogprozess gesprochen habe. Und tatsächlich lässt sich die Überzeugung, dass es keinen grundsätzlichen Unterschied gibt, aus der Vorstellung von Identität als einem lebenslangen Prozessgeschehen gewinnen. Auch die folgenden Theorien zu Lebenslauf und Biografie legen diese Sichtweise nahe.

Ausgehend von dem Interesse an der Perspektive dieser Kinder, fragen wir uns, was eine Phase des Identitätskampfes, des unannehmbar-Seins, für ihre Lebensläufe, ihre Biografien bedeutet. Wie lebt es sich mit einer Stigmatisierung? Um davon eine Vorstellung zu entwickeln, schauen wir uns an, welche Rolle die Konzepte Lebenslauf und Biografie überhaupt für unser Leben spielen.

Klären wir zunächst, worin der Unterschied zwischen Lebenslauf und Biografie besteht. Folgen wir Alheit und Dausien (1993, 10), die festhalten:

> „Biografie kann vorläufig als individuelle Lebensgeschichte definiert werden, die den äußeren Lebensablauf, seine historischen und gesellschaftlichen Bedingungen und Ereignisse einerseits und die innere psychische Entwicklung andererseits in ihrer wechselseitigen Beziehung darstellt."

Wir benennen mit Biografie also das übergeordnete Konzept, das sich auf zwei miteinander verbundene Dimensionen bezieht, von denen die eine der Strukturmomente betonende Lebenslauf ist, und die andere der individuelle Lebensentwurf. Und mit Dausien (2006, 32) verstehen wir

> „Biografie als soziale Institution (..), die eine neue Form der Vergesellschaftung darstellt, nämlich das zeitlich strukturierte ‚Ablaufprogramm' des *Lebenslaufs*, das die gesellschaftliche Zurechnung von Rechten und Pflichten an die Individuen bindet (und nicht mehr an die Zugehörigkeit zu einem sozialen Stand oder einem Geschlecht); und zum anderen *Biografie als Sinnstruktur* für die Reflexion von Erfahrungen und die Ausbildung individueller Identitätsentwürfe in der Form der *Lebensgeschichte* (..)."

Diese aktuelle Definition setzt Biografie als ein historisch-gesellschaftliches Phänomen, das sich im Zuge der Pluralisierung unserer Welt als Notwendigkeit für jeden Einzelnen zur biografischen Selbstpräsentation und -konstruktion herausbildet. Die Biografie eines Menschen kann und wird nicht mehr als Produkt gesellschaftlicher Verhältnisse gesehen (werden), sondern selbst als ein „generatives Prinzip" (ebd, 30). Über die Biografie bringen Menschen ihre eigenen Erfahrungsstrukturen hervor, sie produzieren aber auch die Lebensgeschichten der relevanten Anderen mit und die gemeinsame soziale Welt. Biografie ist so verstanden ein mehrdimensionaler Prozess der Konstruktion. Diese sozialwissenschaftliche Sichtweise von Biografie ist nicht mit der alltagssprachlichen Verwendung des Begriffs zu vergleichen, der im Wesentlichen eine Beschreibung oder Nacherzählung eines Lebens bezeichnet, sondern beschreibt ein deutlich voraussetzungsvolleres Konstrukt.

Eine dabei berücksichtigte Voraussetzung ist die aktuelle historische und kulturelle Entwicklung. Wir leben in einer pluralisierten Welt und erleben, dass sich gesellschaftliche Sinnzusammenhänge und Normen auflösen und verändern. Kommen wir darüber zu einem Verständnis des Begriffes ‚Lebenslauf'. Diese Entwicklung vor Augen prägte Martin Kohli (1985) den Begriff der „Institutionalisierung des Lebenslaufs" und benennt damit einen Wandel auch seiner Bedeutung. Er sieht, dass der Lebenslauf nicht mehr über stabile Zugehörigkeiten (vgl. sozialer Stand, Geschlecht) geregelt und beschreibbar ist, sondern dass sein Ablauf ganz wesentlich von der Erwerbsarbeit geordnet wird. Neuer Bezugspunkt ist in seiner ursprünglichen Konzeption ein (männlicher) „Normallebenslauf", der durch die Dreiteilung Vorbereitungsphase (Kindheit und Jugend), erwerbstätige Erwachsenenphase und Ruhestandphase (Alter) gekennzeichnet ist. Er legt damit ein Vergesellschaftungsmodell vor, das die Freisetzung der Individuen aus traditionellen Bindungen und Lebensformen und die Normierung des Lebenslaufs über strukturell und zeitlich geordnete Ablaufsequenzen feststellt, die sich rund um die Erwerbsarbeit etablieren. Der ‚Erwerbsarbeitslebenslauf' ist selbst zu einer Institution geworden.

Die Konzepte Lebenslauf und vor allem Biografie sind seither ins Zentrum soziologischer Forschung gerückt. Ausgehend von der Feststellung, dass der Lebenslauf der neue Anknüpfungspunkt geworden ist, dass also über den Lebenslauf die institutionelle Anbindung erfolgt, wird seine Bedeutung weiter präzisiert. Der durch Erwerbsarbeit festgelegte ‚Standardlebenslauf' hat heute darüber bereits wieder eine ‚Entstandardisierung' erfahren. Denn im Zuge der Flexibilisierung der Arbeitswelt, musste auch der Normallebenslauf seine Stellung als Bezugspunkt wieder aufgeben. Was bleibt, ist aber die Bedeutung des Lebenslaufs als soziale Institution. Die Institutionalisierung des Lebenslaufs wird jetzt allerdings nicht mehr über den Rückgriff auf einen Standardlebenslauf bestimmt, sondern über einen Prozess, der als ‚Biografisierung' bezeichnet wird.

‚Biografisierung' ist ein Kernbegriff der aktuellen Biografieforschung. Der Prozess der Biografisierung ist interessant für unsere Frage nach der Bedeutung der Identitätsarbeit, die zu einem Gefühl des unannehmbar-Seins führt. Was kennzeichnet ihn? Biografisierung ist ein Begriff, der das von Helga Bilden (2006) an anderer Stelle vorgeschlagene neue Sozialisationsparadigma verdeutlichen kann. Er bezieht sich auf das ‚Werden' von Subjekt in Gesellschaft, oder genauer von Subjekt und Gesellschaft. Er beschreibt die Entwicklung dahin, dass die individuelle Lebensgeschichte die Identität, oder anders formuliert, den Platz in der Gesellschaft bestimmt und damit gleichzeitig Identitäts- und Gesellschaftsprozesse modifiziert. Biografisierung bezieht sich auf die Notwendigkeit, die eigene Lebensgeschichte ‚zu erzählen' und macht deutlich, dass über diese Erzählung Identität und die soziale Wirklichkeit angeeignet, verhandelt und verändert wird. Identitätsarbeit kann aus dieser Perspektive als biografischer Prozess verstanden werden. Bettina Dausien (2006, 27ff) schreibt:

„Der Vorgang der biografischen ‚Erfahrungsaufschichtung' ist (..) keine passive Ablagerung erlebter Situationen ‚im Individuum', sondern ein aktiver Prozess *biografischer Arbeit*, in dem Vergangenes und Zukünftiges, Erfahrungen und Erwartungen ineinander greifen."

Und weiter: „Dabei produzieren Subjekte nicht nur ihre eigenen Erfahrungsstrukturen, sie konstruieren auch die Lebensgeschichte ihrer relevanten Interaktionspartner und die sozialen Welten mit, in denen sie verortet sind. Im Prozess biografischer Arbeit findet somit *Aneignung und Konstruktion zugleich* statt."

Biografie versteht sie als „ein relationales Konzept (..), das zwischen Subjekt und Kontext, zwischen Individuum und Kollektiv, zwischen gesellschaftlichen Strukturen, interaktiven Handlungen und subjektiven Erfahrungen vermittelt".

Sie fordert, dass „die Subjektfrage in einem radikal-dialektischen Sinn mit der Gesellschaftsfrage zu verschränken" und damit „*als* Frage gesellschaftlicher Verhältnisse zu stellen ist".

Diese Sichtweise relativiert den Dualismus ‚Innen/Außen', wie wir es schon am Identitätsdiskurs gesehen haben, da eine Lebensgeschichte immer zugleich auf den Lebenslauf und den individuellen Lebensentwurf verweist.

Im Zuge der Pluralisierung und Individualisierung ist die ‚Lebensbeschreibung' zu einer hochrelevanten Angelegenheit geworden, die sich anders als früher üblich nicht mehr nur auf eine rückblickende Erzählung, sondern vor allem auf die aktuelle Selbst-Erzählung bezieht. Diese persönliche, wir können sagen, als Identitätsarbeit zu erbringende Leistung wird Kindern gleichermaßen wie Erwachsenen abverlangt. Das wird in der aktuellen, durch eine sozialkonstruktivistische Perspektive gekennzeichneten, Kindheitsforschung angenommen. Da Subjekt und Gesellschaft nicht mehr als zwei sich gegenüberstehende Phänomene gedacht werden und somit eine ‚Integration des Subjekts in die Gesellschaft' logischerweise kein Ziel mehr sein kann, entsteht eine neue Sichtweise auf das Kinderleben. Mit der Abwendung vom Entwicklungs- und Sozialisationsbegriff lässt sich ein neues Verständnis von Kindheit und Kindheitsforschung feststellen, mit dem wir uns später ausführlicher auseinander setzen werden. Im Moment ist für uns ein Aspekt daraus, nämlich die aktive Auseinandersetzung der Kinder mit ihrer Umwelt, wichtig.

„Kindliche Alltagserfahrungen, Sozialbeziehungen und Lebensbedingungen sollen nun im Mittelpunkt einer Forschung stehen, die wenn möglich die Perspektive der Kinder selbst zum Gegenstand ihrer Analyse macht"

schreiben Krüger und Grunert in ihrem ‚Handbuch Kindheits- und Jugendforschung'. (2002, 18ff) Und weiter:

„Stichworte wie frühe Formen des kindlichen Selbst, Kinder als Akteure, kindliche Selbstbildung dokumentieren einen tiefgreifenden Perspektivwechsel auf Kindheit und liefern gemeinsame Bezugspunkte für Studien im Bereich der Entwicklungspsychologie, der Kindheitssoziologie und der erziehungswissenschaftlichen Kindheitsforschung."

Sie sehen als eine Möglichkeit und Aufgabe zukünftiger Forschung, die

„Auswirkungen gesellschaftlicher Individualisierungsprozesse auf die Identitätsgenese und die alltägliche Identitätsarbeit von Kindern und Jugendlichen ebenso [zu] untersuchen wie die Frage, in welchen Sozialisationskontexten ihnen Anerkennung eingeräumt bzw. verweigert wird".

Im Zuge dieser ‚akteursbezogenen Kindheitsforschung' wird neben dem Thema der ‚Selbstsozialisation' in der Gleichaltrigengruppe auch die Biografisierung des Kinderlebens diskutiert. Behnken und Zinnecker (2001, 19) schreiben in dem Handbuch „Kinder. Kindheit. Lebensgeschichte.", das sich dezidiert der Verknüpfung von Kindern und Kindheit mit der biografischen Perspektive widmet:

„Kindern wird zunehmend die Rolle von biografischen Akteuren oder Subjekten zuerkannt. Das heißt, auch Kinder gestalten biografische Optionen und stehen unter gewissen Begründungszwängen. Durch Rückgriff auf vergangene Entscheidungen und durch den Nachweis einer damit stimmigen Zukunftsperspektive sollen sie die innere Konsistenz ihrer Person plausibel machen."

Sie gehen davon aus, dass die veränderten Lebensbedingungen heutiger Kinder die Biografisierung fördern. Vor allem zwei Gründe stellen sie für diese Entwicklung fest: Kinder sind von Anfang an in eine Lebenslaufvorstellung eingebunden und lernen früh, eine biografische Selbstreflexion – beispielsweise „Ich bin ein Vorschul-Kind" – sowie eine biografische Perspektive für ihr weiteres Leben zu entwickeln. Und die Anlässe, zu denen Kinder die individuelle Lebensgeschichte sowohl wahrnehmen als auch über sich Auskunft geben, indem sie auf die individuelle Lebensgeschichte verweisen, nehmen in einer pluralen Gesellschaft mit ihren unterschiedlichen Bezügen und Diskontinuitäten zu. Rolff und Zimmermann (1997, 195) kommen in ihrem Buch ‚Kindheit im Wandel' zu dem Schluss:

> „Es gibt keinen Grund, nicht anzunehmen, dass auch Kinder genötigt sind, sich zunehmend eigenständig mit ihrer (..) Umwelt auseinander zu setzen, um das eigene Leben, d.h. die eigene Biografie, zu verorten."

All diese Überlegungen lassen uns auf eine grundsätzliche Unterscheidung in kindliche und erwachsene Identitätsarbeit verzichten und stattdessen davon ausgehen, dass Kinder und Erwachsene sich gleichermaßen in dem lebenslangen Prozess der Identitäts- und Biografiearbeit befinden und dass dieser von Person zu Person an verschiednenen Stellen, unterschiedlich oft und unterschiedlich intensiv, aber immer wieder krisenhaft verläuft. Der Identitätsprozess folgt keinem linearen Phasenmodell, sondern von Anfang an demselben relationalen Mechanismus, der ein Leben lang wirksam bleibt. Wann Krisenphasen auftreten, ist je nach Lebensverlauf unterschiedlich, aber doch nicht willkürlich. Denn auch wenn sich die ‚Normalbiografie' auflöst, so bleibt die Auseinandersetzung mit zwar differenzierteren und teilweise auch divergierenden, aber dennoch bestehenden Normen und Institutionen ein chronisches Konfliktfeld. Anlässe für potentielle Konflikte sind dabei insbesondere Situationen, die mit einem Statuswechsel, beispielsweise dem Übergang vom Kindergarten in die Schule, verbunden sind. Der Lebenslauf ist trotz Verpflichtung, ihn selbst zu organisieren, nicht frei wählbar, sondern an gesetzliche Regelungen und normative Vorschriften gebunden, die Handlungsmuster und Erwartungen transportieren. Und an moralische Bewertungen, die über Erzählungen von ‚erfolgreichen' und ‚erstrebenswerten' und von ‚gescheiterten' und ‚inakzeptablen' Biografien vermittelt werden. Die selbst zu managende Biografie wird auch darüber bewertet, ob und inwieweit sie in einer bestimmten gesellschaftlichen Situation noch Anerkennung findet, akzeptiert wird oder verhandelbar ist. Eine ‚Bastelbiografie' verlangt an bestimmten Stellen ein besonders geschicktes Zusammenkleben. Schauen wir uns an, mit welchem Risiko die ‚Bruchstelle Unannehmbarkeit' in den Biografien unserer Kinder behaftet ist.

2.3 Riskante kindliche Biografien

„Ereignisse, die als Erinnerung zu einem Baustein unserer Identität werden, markieren biografische Schlüsselstellen. (..) Aus vielen biografischen Erinnerungen wird deutlich, dass es gerade die ‚höckrigen' biografischen Ereignisse sind, die eine Persönlichkeit prägen, einen Charakter bilden und die sich in dem biografischen Selbstbild festsetzen." (Schneider, 2005, 6 u. 7)

In diesem Sinne ist davon auszugehen, dass Identitätskämpfe, vom Scheitern bedrohte Dialoge, nach einer intensiven biografischen Arbeit verlangen und dass eine gemütlich dahinplätschernde Identitätsarbeit weniger biografische Aufmerksamkeit auf sich zieht.

Wir sehen, dass die Biografie in einem engen Wechselverhältnis mit der Identität steht. In gewisser Hinsicht lässt sich Identitätsarbeit als Biografiearbeit verstehen und umgekehrt, umschreiben doch beide einen Aushandelns- und Konstruktionsprozess zwischen Einzelnem und seiner Umwelt. Während der Fokus des Identitätsbegriffs aber auf den konkreten Beziehungen eines Menschen und den darin geführten Dialogen liegt, thematisiert der Biografiebegriff mehr eine Auseinandersetzung zwischen dem Einzelnen und den überindividuellen Anderen. Man kann je nach Blickwinkel auch das eine Konzept zu einem Teil des anderen machen. Man kann sagen, dass Identität das subjektive Ergebnis der Biografiearbeit ist und man kann die Biografie als spezielles Dialogfeld der Identität begreifen. Da unser Zentralkonstrukt die Identität ist, liegt die Sichtweise nahe, neben der Union Psyche-Identität, die ein psycho-logisches Verstehen verlangt, die Union Identität-Biografie zu setzen und diese sozio-logisch zu verstehen. Aber anstatt die beiden Konzepte gegeneinander zu profilieren, lassen Sie sie uns lieber verschränkt und zusammen denken, das Paket Psyche-Identität um die Biografie erweitern und schauen, welches Verständnis wir aus dem jeweils durch die Spezifität des Konzeptes nahe gelegten Blickwinkel gewinnen können.

Was uns interessiert, sind die durch Stigmatisierungen und Stören gekennzeichneten Brüche im Dialog. Bezüglich der Identität haben wir sie als Unannehmbarkeiten identifiziert. Wie lassen sie sich biografisch verstehen?

Wir haben gesagt, dass die durch Pluralisierung und Individualisierung veränderten Lebensbedingungen die Notwendigkeit der Biografiearbeit verstärken und dass dies aufgrund der wechselnden Bezüge und Umbrüche im Lebenslauf der Fall ist. Gleichermaßen gehen wir davon aus, dass die biografische Aktivität durch Störungen und Brüche im Identitätsdialog angekurbelt wird. Umbrüche und Brüche beinhalten das Risiko, dass die zusammen gebastelte Biografie an diesen Stellen nicht ‚hält' und ‚brüchig' bleibt, dass hier immer wieder biografisch ‚nachgebessert' werden muss. Es sind also diese Stellen, die biografisch riskant sind. Ein Risiko beinhaltet mindestens zwei Wahrscheinlichkeiten: die, etwas zu gewinnen, was das Risiko zur Chance werden lässt – das werden wir uns im vierten Kapitel ansehen, wenn wir uns fragen, was es braucht, um sich annehmbar zu fühlen – und die, etwas zu verlieren. Damit wollen wir uns jetzt beschäftigen. Welches Verlustrisiko steckt im unannehmbar-Sein?

Die Unannehmbarkeit ist, wenn wir die Kinder betrachten, durch das Stören gekennzeichnet. Wir können folgende Kette im Prozess verfolgen: Stören – gestörter Identitätsdialog – unannehmbar-Sein. Diese könnte fortgesetzt werden durch: Unannehmbar-Sein – gestörte Biografiearbeit – ‚Störbiografie'. Die Unannehmbarkeit der eigenen Identität birgt das Risiko des Scheiterns in der biografischen Arbeit, das zu einem weiteren, ‚chronisch' werdenden Störverhalten führen kann. Einen biografischen Blickwinkel einnehmend, beschäftigt uns an dem Stören diesmal nicht die Frage, welches Lebensgefühl es impliziert, sondern welches soziale Handeln.

Wir haben gesehen, dass in der Biografie die Reflexion der gemachten Erfahrungen und die eigene Bindung an gesellschaftliche Normen zusammen kommen. Ich halte es nicht für wahrscheinlich, dass sich Menschen, die erleben, wie ihnen inakzeptable Dialogangebote gemacht werden, an die Normen dieser Dialoge binden werden.

Drohen Menschen mit einer unannehmbaren Identität un-moralisch zu werden? Wird die Verlustseite des Risikos durch das Abhandenkommen der Moral beschrieben? Ja, wenn wir die Moral in den Dialogangeboten sehen. Nein, wenn wir diese Dialogangebote selbst als unmoralisch erkennen. Nein, wenn wir uns einer postmodernen Moral anschließen wie sie Welsch (1993) vorschlägt, die brüchige Lebenswelten annimmt und sich eine Neugewichtung von Verdrängtem und Zurückgewiesenem vornimmt. Also nein.

Worin ist dann der Verlust zu sehen? Vielleicht ist es gar kein Verlust für die Kinder mit einer Störbiografie? Ist es womöglich ein Verlust für die anderen, für die, die ‚annehmbar' sind? Ja, mit Sicherheit. Denn was ihnen abhanden kommt ist ein/e DialogpartnerIn, ist das beruhigende Gefühl, das durch die Gewissheit entsteht, dass die eigenen Normen Konsens sind. Abhanden kommt aber auch die fruchtbare gemeinsame Auseinandersetzung, in der eine Weiterentwicklung der Normen möglich wäre. Solange die Kinder mit unannehmbaren Identitäten und die daraus entstehenden Störbiografien in der Minderheit sind, wird dieser Verlust noch nicht schmerzlich wahrgenommen werden, gibt es noch genügend alternative Dialogmöglichkeiten, die die eigene Wirklichkeitskonstruktion und die darin geltenden Normen absichern helfen. Das heißt aber nicht, dass wir es nicht als Verlust verbuchen sollten.

Mit der gleichen Berechtigung lässt sich in dieser Hinsicht aber auch ein Verlustrisiko für die Kinder mit Störbiografien ausmachen: Denn auch sie werden um Dialoge gebracht und verunmöglichen sie sich selbst. So können wir letztendlich von einem gemeinsamen Verlust sprechen, der mit der Kluft zwischen annehmbaren und unannehmbaren, zwischen Stör- und plätschernden Biografien entsteht.

Das biografische Risiko, mit dem diese Kinder also zunächst einmal konfrontiert sind, besteht darin, sich entweder eine Biografie des weiteren Störens oder eine des am-Schnürchen-Laufens nahe zu legen.

In Ergänzung zu dieser subjektiven Handlungsseite, stellt sich die Frage nach den zur Verfügung stehenden Handlungsoptionen. Welche Möglichkeiten kann man in einer biografisch riskanten Lebenssituation anzapfen? Steht der Möglichkeitsraum offen und wo wird diskriminiert? Es gilt, eine „Sensibilität zu entwickeln für die Erfahrung, Verarbeitung sowie die Folgen früh-kindlicher, schulischer und auch lebenslanger Diskriminierungen." (Nestvogel, 2006, 272) Neben der Perspektive eine Störbiografie zu entwickeln, macht auch der potentiell versperrte Zugang zu Möglichkeitsräumen eine kindliche Biografie riskant und verlustreich. Wenn die Frage „Was erzählen wir uns über mich?", zur Antwort „Du bist ein gestörtes Kind" hat, wird diese Stigmatisierung vermutlich Diskriminierungen nach sich ziehen. Und dies umso wahrscheinlicher als sich die Wandlungsprozesse neben den neuen Anforderungen und Notwendigkeiten, mit denen sich der Einzelne auseinandersetzen muss, auch in veränderten Lebensräumen ausdrücken. Dazu Mierendorff und Olk (2002, 131):

> „Eine zunehmende Zahl von Autoren weist darauf hin, dass das Bild von Kindheit als Schutz- und Vorbereitungsraum erheblichen Erosionsprozessen ausgesetzt ist."

Sie zeigen dies an den vier zentralen kindlichen Lebensbereichen Arbeit, Medien, Schule und Recht auf. (Nachzulesen im Handbuch Kindheits- und Jugendforschung)

Wir müssen uns entsprechend fragen, worin das biografische Risiko hinsichtlich des Lebenslaufs besteht? Rekapitulieren wir dazu noch einmal: Die Biografie umfasst zum einen den Aspekt des ‚individuellen Lebensentwurfs', der zu einer Störbiografie werden kann, und zum anderen den ‚Lebenslauf', der grundsätzlich die gesellschaftliche Teilnahme und Teilhabe des Einzelnen beschreibt.

Dass und wie der Lebenslauf heute über sich ausdifferenzierende ‚gesellschaftliche Funktionssysteme' geregelt wird, damit werden wir uns ausführlich im dritten Kapitel beschäftigen. Einen Aspekt der Differenzierung unserer Gesellschaft in die so genannten ‚Funktionssysteme' greifen wir aber jetzt schon heraus, nämlich, dass wir an sie nicht mehr über eine stabile Zugehörigkeit automatisch angeschlossen sind, sondern es eben Sache der Biografiearbeit ist, ob und inwieweit wir daran teilnehmen und teilhaben. Für Kinder hochrelevante gesellschaftliche Teilsysteme sind die Familie und soziale Einrichtungen, sie sind für ihren Lebenslauf zentral. Dementsprechend richten wir an letztere die Frage, welche Teilhabe- oder Biografisierungsmöglichkeiten sie für Kinder bereiten.

Abstrakt lässt sich das Risiko, das den Lebenslauf betrifft, als Verlust oder schlechte Möglichkeit zur Biografisierung benennen. Schauen wir uns an, was das konkret bedeuten kann.

Dieses kindliche biografische Risiko wird in dem Maße zu einer lebensbedrohlichen Gefahr, wie Stigmatisierung und Diskriminierung zur ‚Gefährdung des Kindeswohls' werden.[3]

Peter Büchner weist auf diese Gefährdung hin, indem er die aktive Biografiearbeit von Kindern zusammendenkt mit der Verfügbarkeit von biografischen Optionen und Wahlmöglichkeiten. Er schreibt:

„Biografisch frühe Selbstständigkeit ist einerseits zunehmend unverzichtbar als persönliche und soziale Schlüsselkompetenz von Heranwachsenden, andererseits hat ihr Erwerb aber nicht nur soziale, sondern auch kulturelle Grenzen, so dass es im Lebensalltag der Kinder darauf ankommt, entsprechende Unterstützungspotenziale zum Erwerb sozialer Schlüsselkompetenzen mobilisieren zu können. Ist dies nicht möglich, kann es zu sozialen Segregationserscheinungen und zu entsprechend riskanten biografischen Weichenstellungen kommen." (2002, 491)

Über den Wandel der Kindheit entstehen Möglichkeiten und Chancen, aber auch neue soziale Ungleichheiten und neue kindliche ‚Gefährdungsbiografien'.

Zu einer gefährdeten Biografie wird die kindliche Risikobiografie, wenn im Identitätsdialog und in der biografischen Narration die Verhandlungsmöglichkeiten so eingeschränkt sind, dass damit auch die Handlungsoptionen verloren gehen. Wenn, wie Büchner es benennt, Schlüsselkompetenzen und Unterstützungspotenziale minimiert sind, können unannehmbare Identität und Störbiografie zu einer Gefährdung und Radikalisierung führen. Der Verlust ist dann nicht mehr über konkrete Aspekte oder Zugänge zu benennen, er ist nicht mehr dingfest zu machen und kann vielleicht am ehesten abstrakt, als Orientierungsverlust oder Verlust des ‚Lebenssinns' begriffen werden.

Während es sich andernfalls eigentlich mehr um ein ‚vorübergehendes Abhandenkommen', um ein ‚aus dem Blick geraten' handelt, ist im Falle einer Gefährdung der Begriff Verlust voll berechtigt. Wenn die Verhandlung von Identität und Biografie eingestellt wird, also für Ereignisse keine Sprache mehr zur

---

3 Der Ausdruck ‚Gefährdung des Kindeswohls' wird hier benutzt als einer, mit dem festgehaltene Schritte von sozialen Einrichtungen und Jugendamt verbunden sind.

Verfügung steht, stehen wir offensichtlich auch an der Grenze des institutionali-
sierten Helfens. Lebensgeschichten aus diesem Grenzbereich verlangen nach
einer besonderen und gesonderten Auseinandersetzung. Dabei wäre es interessant von der Frage auszugehen, inwieweit hier überhaupt von einer ausreichen-
den Biografisierung gesprochen werden kann? Klar ist aber, diese kindlichen
Lebensgeschichten verweisen dramatisch auf den potentiellen biografischen
Verlust.

Lassen Sie uns bündeln, was wir bezüglich der Bedeutung von Brüchen im
Dialog für den Lebenslauf und die Biografie von Kindern, zusammengetragen
haben:

Eine unannehmbare Identität prozessiert eine riskante kindliche Biografie.
Wir haben uns mit der Verlustseite des Risikos beschäftigt und haben die beiden
Dimensionen der Biografie, den individuellen Lebensentwurf und den institutio-
nalisierten Lebenslauf daraufhin angesehen. Wir haben bezüglich des individuellen Lebensentwurfes, den wir auch die Identitätsseite der Biografie nennen könnten, folgende Kette geknüpft: Stören – gestörter Identitätsdialog – unannehmbar-
Sein – gestörte Biografiearbeit – ‚Störbiografie'. Wir haben gesagt, dass über
den dann gegenseitig verweigerten Dialog auch kein verbindlicher Rückgriff auf
gemeinsame Normen mehr gegeben ist. Wir haben einen gemeinsamen Verlust
durch die entstehende Kluft festgestellt und darüber hinaus den nur für die störenden Kinder geltenden Verlust einer Biografie des ‚am-Schnürchen-Laufens'.
Die negative Risikoseite bezüglich des Lebenslaufs besteht in dem Verlust an
einer Teilhabe und Teilnahme an relevanten gesellschaftlichen Teilsystemen und
damit in dem Verlust von Möglichkeiten zur Biografisierung.

Sehen wir uns an, welche Rolle dabei soziale Einrichtungen für Kinder spielen können.

Zuvor aber fragen wir uns, worauf wir uns eigentlich beziehen wir von
‚Kindern' und ‚Kindheit' sprechen: Wir haben aufgehört zwischen einem kindlichen und einem erwachsenen Identitätsprozess zu unterscheiden und wir haben
gesehen, dass auch die kindliche Biografiearbeit der von Erwachsenen gleicht.
‚Das Kind' kann doch nur ein weiterer Geist sein!

3 Ordnungen, in denen wir leben

Unsere Frage nach den Konsequenzen, die sich aus Stigmatisierungen wie ‚verhaltensauffällig' oder ‚psychisch gestört' für die Identität von Kindern ergeben, erfordert die Einnahme von verschiedenen Blickwinkeln. Einmal ins Grenzgebiet gelangt, scheinen sich weitere Fragen wie von selbst zu stellen, eine zieht die nächste nach sich; es ist wie bei einem Kaleidoskop: Die bunten Steine sind dieselben, aber je nach Drehung entstehen andere Muster, andere Problemstellungen, andere Anordnungen.

Sehen wir uns als erstes an, wie es um die Ordnung zwischen Kindern und Erwachsenen bestellt ist. Lassen Sie uns darüber schauen, wie die Begriffe ‚Kind' und ‚Kindheit' sinnvoll von uns benutzt werden können.

3.1 Von Kindern und Erwachsenen

> „Eine Reflexion auf den theoretischen Status der Kategorie ‚Kind' ist bislang eine wesentliche Lücke der bundesdeutschen Kindheitsforschung. Was ein ‚Kind', was ‚Kindheit' bedeutet, erscheint auf diffuse Weise unproblematisch."

schreibt Michael-Sebastian Honig (1999,9). Diese Lücke wird von sozialwissenschaftlichen Beiträgen geschlossen, die unter dem Namen ‚neue Kindheitsforschung' bekannt geworden sind. Ein zentrales Merkmal dieser Ansätze, die zunächst in Abgrenzung und später in Auseinandersetzung mit Entwicklungs- und Sozialisationskonzepten formuliert wurden, ist die Auffassung von Kindern als ‚Akteuren und Mit-Konstrukteuren' ihrer sozialen Welt. Neben der biografietheoretischen Perspektive spielt die Analyse der Generationenverhältnisse und -beziehungen eine wesentliche Rolle. Ein starker Impuls dazu kam 2001 von ForscherInnen rund um die Finnin Leena Alanen, die ihr Anliegen als „effort towards conceptualizing childhood as a relational concept" formulierten und dabei von „new childhood studies" sprachen. Sehen wir uns an, wie dabei die Kategorien Kind und Kindheit problematisiert werden und beginnen mit einem Blick zurück.

Wenn man in der ‚Geschichte der Kindheit' blättert, stößt man unweigerlich auch auf den Namen Philippe Ariès. Honig (2002, 310) schreibt:

„Ariès hat für die Historische Kindheitsforschung u.a. deshalb eine so zentrale Bedeutung gewonnen, weil er den Begriff ‚Kindheit' selbst als historisches Phänomen dargestellt hat."

Er hat als Erster herausgearbeitet, dass Kind-Sein kein Naturzustand ist, sondern dass Kindheit und Familie, wie wir bis heute davon sprechen, zwei zeitgleich entstandene Phänomene der Moderne sind.

„Kindheit als ausgegrenzter Lebensbereich ist ein Produkt der bürgerlichen Gesellschaft. Die verstärkte Verlagerung der Produktionsarbeit aus dem ‚großen Haus' heraus führte auch zu dessen allmählicher Auflösung. Das Ergebnis war (..) die Entstehung der modernen (Kern-) Familie", schreiben dazu Rolff und Zimmermann. (1997, 10)

Dieser gemeinsamen Entstehungsgeschichte ist es auch zuzuschreiben, dass zunächst die Kindheitsforschung eine Subdisziplin der Familienforschung darstellte und dass sich ein spezifisches, nämlich familienzentriertes Kindheitsverständnis entwickelt hat. Dorle Kilka (2001, 762) fasst zusammen:

„Das bürgerliche Verständnis von ‚Familienkindheit' war verbunden mit einer stärkeren Separation der Generationen und Geschlechter. Konsequente Folge dieser Trennung waren zwei Entwicklungen: erstens die einer spezifischen Kinderkultur (..), die auf das spätere Erwachsenenleben vorbereiten sollte, und zweitens die einer spezifischen ‚Familienerziehung', die die bürgerlichen Kinder stärker an das Haus bzw. die Wohnung band, um sie beaufsichtigen und behüten zu können. Die Ambivalenz von Zwang/Kontrolle vs. Förderung/Behütung zeichnet die Pädagogisierung bürgerlicher Familienkindheit von Beginn ihrer Entwicklung aus."

Die Familie wurde zum Ort des Privaten, die Erwachsenen-Kind-Differenzierung erhielt eine spezifische anthropologische Bedeutung und es entwickelten sich Kindheitsideale, so auch das bald über allem stehende Ideal der ‚guten Kindheit'. Im 20. Jahrhundert wurde die ‚gute Kindheit' als universeller Wert definiert und Kindern ein Anspruch darauf zugesprochen. Es wurden Gesellschaften gegründet, die sich für Kinderrechte einsetzen, das erste deutsche Kinderkrankenhaus entstand 1929, es eröffneten die uns heute so vertrauten Einrichtungen für Kinder und 1990 trat das erste Kinder- und Jugendhilfegesetz in Kraft. Mit diesem Ideal, dem neuen empathischen Blick auf Kinder und den Kinderrechten wurden gleichzeitig neue Pflichten und Normen etabliert. Von dem 20. wird seit Ellen Key als dem ‚Jahrhundert des Kindes' (vgl. Honig, 1999) gesprochen, in dem das Kind in Verbindung mit dem reformpädagogischen Gedanken der Kindgerechtheit, der Schulpflicht und dem Verbot von Kinderarbeit in den westlichen

Industriegesellschaften einen spezifischen Sozialstatus erlangte und Kindheit pädagogisch als eine Phase des Lernens und Spielens konzipiert wurde. Honig (ebd, 326) geht für die Sozialgeschichte der Kindheit im 20. Jahrhundert davon aus, dass sie

> „an Hand des modernen Kindheitsideals verständlich wird, aber auch Genese und Wandel dieses Modells selbst umfasst und seine Grenzen deutlich werden lässt. Kern dieses Ideals ist die Unterscheidung von Kindern und Erwachsenen, die pädagogische Differenz. An der Schwelle zum 21. Jahrhundert stellt sich die Frage ein, ob sie tatsächlich zum Bezugspunkt für die Beschreibung des Kinderlebens taugt."

Halten wir fest: Die in der Alltagskommunikation noch übliche Annahme von Kindheit als natürlicher Phase in einem Menschenleben und von Kindern als Menschen in Entwicklung, ist Ergebnis eines spezifischen historischen Verständnisses. Oder wie Peter Büchner (2002) es formuliert: „Die Kindheit mit ihrer expliziten Unterscheidung von Kind-Dasein und Erwachsenenexistenz [muss] als historisch besondere Sozialform verstanden werden."

In diesem Sinn ist das Kind ein ‚Geist'. Tatsächlich machen die modernen Fassungen von Kind und Kindheit schon aus der Perspektive von Biografisierung und Institutionalisierung des Lebenslaufs keinen guten Sinn mehr. Folgt doch aus der Biografisierungsthese, dass Kinder nicht einfach Kinder sind, sondern sich als Kinder entwerfen und aus der De-Standardisierung des Lebenslaufs, dass ein einfacher Rückgriff auf den Status Kindheit gar nicht mehr möglich ist. Das Jahrhundert des Kindes ist zu Ende und mit ihm verlieren auch die Kategorien Kind und Kindheit ihre bisherigen Bedeutungen und es entstehen neue:

> „Die vertraute Vorstellung von Kindheit als Vorbereitungsphase auf das Leben als Erwachsener, als Sozialisationsphase also, wird erweitert und überlagert von einem Verständnis der Kindheit als kulturellem Muster und als gesellschaftlicher Lebensform im historischen Wandel." (Honig/Leu/Nissen, 1996)

Dass das ‚alte Sozialisationsparadigma` aufgrund seines Rückgriffs auf den Dualismus Subjekt/Gesellschaft und der darin enthaltenen Vorstellung der ‚Vergesellschaftung von Subjekten' revisionsbedürftig ist, haben wir schon gesehen. Dieses Paradigma verhalf auch einem Kindheitsbegriff zur Durchsetzung, bei dem Kindheit als eine vorübergehende Phase der Entwicklung, als ein Übergangsstadium zum Erwachsenwerden, aufgefasst wird.

Im Rahmen der neuen Kindheitsforschung wird dieser Blick und die darin transportierte Bedeutung von ‚Entwicklung' als erwachsenenzentriert kritisiert. Wie ist das zu verstehen? Diese Kritik ist so überzeugend wie einfach: Wenn wir davon sprechen, dass Kinder Menschen in Entwicklung sind, dann fassen wir

‚Kind-Sein' als ‚Erwachsen-Werden'. ‚Entwicklung' zielt auf ein Werden im Sinne eines anders werden und verstellt damit den Blick auf Kinder als ‚So-Seiende'. Und wir sehen sofort ein weiteres Problem, nämlich dass damit auch das Werden als eine vorübergehende Phase im Leben eines Menschen konzipiert wird: Als Kinder ‚werden' wir, danach ‚sind' wir Erwachsene. Wir haben über den Prozessgedanken aber gesehen, dass unser Sein ein Leben lang ein Werden ist. Wenn wir nur den Kindern das Werden zuschreiben, verkürzen wir damit unseren Blick zweifach, weil wir das Sein der Kinder und das Werden der Erwachsenen aus den Augen verlieren.

Gleichzeitig zielt die Kritik an der Sichtweise auf Kinder als werdende Erwachsene darauf, dass mit dem Entwicklungsbegriff eine Differenz von Kind und Erwachsener vorausgesetzt wird, die genau dadurch erst etabliert wird. Denn mit der Zuschreibung des Entwicklungsgedankens an Kinder wird die pädagogische Differenz plausibilisiert und Kindheit zu einer normativ aufgeladenen Lebensphase.

Der ‚entwicklungsorientierte' Blick auf unsere Kinder lässt uns glauben, dass Kindern noch nie so wie heute Möglichkeiten für eine gute Kindheit eingeräumt wurden – aber: Er produziert auch die Kehrseite, wir hatten es auch noch nie so nötig wie jetzt, eine gute Kindheit zu haben.

Ist es nicht phänomenal: Jedes Mal, wenn wir uns einer Grenze, die wir aus der Ferne so klar sehen konnten nähern, stellen wir fest, dass sie, statt Konturen zu zeichnen, eher nebelartig verschwimmt. Lassen Sie uns noch einen Weile in dem Nebel der Grenze zwischen Kind und Erwachsener bleiben und staunend schauen, welche zwischenmenschlichen Konturen entstehen, wenn sich die Nebelschwaden mithilfe eines relationalen Generationenverständnisses auflösen.

Einen relationalen Standpunkt einzunehmen bedeutet in diesem Fall sich anzusehen, wie die Differenz zwischen Erwachsenen und Kindern kulturell hergestellt wird. Denn als zentrale These wird formuliert, dass Kindheit ein Konstrukt ist, das im Zusammenhang mit dem Generationenverhältnis zu begreifen ist. Und dass der Konstruktionsprozess über die Analyse der vielfältigen Handlungen zwischen Kindern und Erwachsenen, die in unterschiedliche ‚Praktiken' gebündelt werden können, verstehbar wird. Helga Kelle (2006) nennt diese Perspektive für die neue Kindheitsforschung unter Anleihe aus der feministischen Geschlechterforschung eine vom ‚being' zum ‚doing child' und benennt noch einmal als einen Fokus:

> „Die sozialwissenschaftliche Kindheitsforschung rückt – gegenüber der Vorstellung von Kindern als Sozialisanden – Kinder als Akteure und Mitkonstrukteure ihrer sozialen Welt in den Blickpunkt." (ebd, 122)

Wer sich für Kinder interessiert, muss sich also die Generationsbeziehungen und -verhältnisse ansehen, weil die Praktiken des ‚doing child and adult', also die Prozesse, über die wir hervorbringen, was ein Kind und was ein Erwachsener ist, nicht unabhängig voneinander zu begreifen sind, sondern in einer wechselseitigen Verbindung stehen. Keine der beiden Generationskategorien macht ohne die andere Sinn; wie wir die eine Kategorie begreifen ist abhängig von der anderen, verändert sich die eine, verändert sich die andere mit ihr.

Ausgehend von diesem relationalen Verständnis analysieren ‚neue Kindheits-ForscherInnen' in unserer aktuellen Gesellschaft eine erwachsenenzentrierte Asymmetrie in der wechselseitigen Herstellung von Kindheit und Erwachsenheit und interpretieren sie als Ausdruck eines spezifischen Machtverhältnisses. Dass eine hierarchische Ordnung in den Generationen nicht ‚naturgegeben', sondern hergestellt ist, eben über spezifische kulturelle Praktiken, leuchtet unmittelbar ein; denn zu unterschiedlichen Zeiten und in unterschiedlichen Kulturen wurden ganz verschiedene Generationshierarchien etabliert. Die Kritik ist nicht falsch zu verstehen, sie zielt nicht ab auf die *Unterscheidung* in Kinder und Erwachsene, sondern auf die *Hierarchisierung*, die mit Rückgriff auf die biologische Unterscheidbarkeit als ‚natürlich' bezeichnet wird. Oder wie Jutta Hartmann (2006, 252) es ausdrückt: Es geht nicht darum, Differenzen zu dekonstruieren, sondern die „der Differenz bislang unterstellte Wesenhaftigkeit, die zur Legitimation von Hierarchien und zur Festschreibung von Normalität dient".

‚Generationing' nennt Leena Alanen (2001) den Vorgang der die Beziehungen und Verhältnisse zwischen den Generationen regelt. Dieses ‚Generationengenerieren' fasst sie als komplexen Prozess zwischen Menschen, bei dem die täglichen Beziehungshandlungen nicht unabhängig von der Frage nach den zur Verfügung stehenden Handlungsmöglichkeiten betrachtet werden können. Sie schreibt:

> „In a relational framework agency clearly will not be restricted to the micro-constructionist understanding of being a social actor. Rather, it now refers to the ‚powers' (or lack of them) of those positioned as a child to influence, organize, coordinate and control events taking place in their everyday worlds." (ebd, 151)

Fassen wir zusammen, was wir über die Ordnung zwischen Kindern und Erwachsenen erfahren haben und wie wir die Begriffe ‚Kind' und ‚Kindheit' sinnvoll benutzen können.

Wir behalten den Geist genannt ‚Kind', weil wir ihn mit den neuen KindheitsforscherInnen auf folgende Weise handhabbar gemacht haben: Statt uns auf eine ‚Natur des Kindes' zu beziehen, stellen wir das relationale Verhältnis von Kindern und Erwachsenen als konstitutiv für das Phänomen Kind fest. Wir haben gesehen, dass es eine Verkürzung ist, Kinder als Menschen in Entwicklung zu verstehen, weil dadurch Kind-Sein auf Erwachsen-Werden reduziert wird. Wir verstehen Kinder als Akteure und Mitkonstrukteure und nicht als Objekte und Produkte pädagogischen Handelns von Erwachsenen. Dementsprechend beziehen wir uns auf Kindheit nicht als auf eine Phase der Entwicklung und Sozialisation, sondern verstehen sie als soziale Konstruktion und sehen, dass die Ordnung zwischen Kindern und Erwachsenen im Zuge des generationings geregelt wird.

Biografisierung und Institutionalisierung des Lebenslaufs forcieren scheinbar die Notwendigkeit, sich von einer ‚guten Kindheit' erzählen zu können. Die in unserer Gesellschaft bestehende Pluralität in den Generationsbeziehungen und -verhältnissen, müsste uns aber mindestens im Plural von guten und schlechten Kindheiten sprechen lassen und genau genommen von verschiedenen unterschiedlich guten und schlechten Kindheiten im eigenen Lebenslauf. Als Ideal und Ziel ist die ‚gute Kindheit' deshalb ein Geist, den wir nicht behalten wollen. Sie ist uns suspekt geworden, weil wir die Reduktion in ihr sehen und die Norm, die darin transportiert wird. Und wir zweifeln an der pädagogischen Differenz, die einteilt, in die ältere, erziehende und die jüngere, zu erziehende Generation.

Was bleibt übrig, wenn wir die Kindheit von diesen Ideologien befreien? Ein offener Blick auf das individuelle und konkrete Zusammenleben von Kindern und Erwachsenen und eine kritische Haltung gegenüber Festlegungen von Rechten und Pflichten in ‚der Kindheit'. So schaffen wir uns den nötigen Freiraum, um auch die Beziehungsgestaltung mit einem störenden Kind zu überdenken.

3.2 Soziale Einrichtungen für störende Kinder

Wenn wir uns jetzt Gedanken über soziale Einrichtungen machen, so könnte man meinen, dass wir damit auf unserer Reise die größte Entfernung von dem Ausgangspunkt, der Identität, erreicht haben.

Über die Identität sind wir zur Psyche gelangt, vielleicht dem Innbegriff dessen, was wir früher als ein ‚Innen' bezeichnet haben. Wir haben bei der Biografie, mit der individuellen Lebensgeschichte und dem Lebenslauf, Innen und Außen verschränkt gedacht und sind bei den Begriffen Kind und Kindheit zurück gerudert und haben gesehen, dass es sich dabei nicht um stabile, quasi in einem äußeren Raum, unabhängig von uns existierende, abrufbare Konzepte handelt, sondern dass sie aufs engste mit unseren ganz konkreten, gelebten Generationsbeziehungen zusammenhängen. Alle Phänomene, über die wir bis jetzt nachgedacht haben, lassen sich sprachlich irgendwie ‚in' einer Person verorten: Ich bin die und die, ich habe jene Biografie und bin dieses und jenes Kind gewesen.

Und ebenso, wie wir es gewohnt sind, diese Konzepte zu ‚versubjektivieren', ist es uns auch vertraut, soziale Einrichtungen als ‚außen' zu denken. Man geht zu der Einrichtung, man besucht die Schule und auch darüber, dass soziale Einrichtung, zumindest noch, mit Bauten verbunden sind, verstärkt sich die Vorstellung, dass sie unabhängig von mir existieren, der äußeren Welt angehören und im Zweifelsfall mit mir gar nichts zu tun haben. Dementsprechend leicht lassen sie sich kritisieren, weil man vermeiden kann, eine konkrete Person anzusprechen und sich stattdessen die Kritik ohne größeren Widerspruch auf die Institution und die darin vorzufindenden Strukturen ‚als solche' beziehen lässt.

Wie magnetisch angezogen steuern wir schon wieder auf eine Grenze zu und befinden uns diesmal in dem Dunstkreis der Frage: Wo ist ‚innen' und wo ist ‚außen'? Und weil wir uns an dieser Stelle gut vorstellen können, dass wir selbst mit von uns abgelehnten Mechanismen in sozialen Einrichtungen mehr zu tun haben, als uns vielleicht lieb ist, werden wir uns einer vorschnellen Kritik nicht anschließen. Wenn wir also jetzt der Frage nachgehen, wie soziale Einrichtungen auf ein unannehmbares Identitätsgefühl und eine riskante kindliche Biografie Einfluss nehmen, so haben wir dabei keine abstrakten Strukturen im Blick, sondern die im Rahmen und im Namen einer Einrichtung geführten Dialoge und Erzählungen. Und hoppla, schon sind wir wieder bei unserem Ausgangspunkt, dem Dialog, der unsere Identität konstituiert, obwohl wir doch gerade noch so weit weg schienen.

Wofür wir uns interessieren, sind die Dialoge, die ExpertInnen untereinander und mit ihren KlientInnen über störende Kinder führen. Wir wollen uns ansehen, wie wir uns von ‚unannehmbaren Kindern' erzählen und machen also die Kommunikation in sozialen Einrichtungen zu unserem Thema.

So gut wie alle störenden Kinder kommen in unserer Gesellschaft früher oder später mit spezialisierten sozialen Einrichtungen in Kontakt und das grundsätzliche Ziel dieser Einrichtungen ist es, hilfreich zu sein; wir können auch formulieren: Positiv auf unannehmbare Identitätsprozesse und gestörte kindliche Biografien zu wirken. Unser Verständnis von Identität macht uns klar, dass Kommunikation dabei nicht nur ein Mittel zum Zweck sein kann. Auch wenn die Bedeutung der Einrichtungen als soziale Institution im Zuge der Pluralisierung unserer Lebenswelt abnimmt, die konkreten in ihr geführten Dialoge werden dadurch im umgekehrten Verhältnis dazu wichtiger. Und auch die Frage, welche Biografisierungsmöglichkeiten soziale Einrichtungen zur Verfügung stellen, gewinnt in dem Maße an Relevanz, wie die Notwendigkeit der Biografiearbeit für unser Leben zunimmt. Aktive Identitäts- und Biografiearbeit ist eine unumgänglich gewordene Antwort auf unsere pluralisierte Welt. Die individuelle Sinnstiftung stellt an jeden von uns große Anforderungen. Der Umstand, dass Familien mit störenden Kindern Hilfe in sozialen Einrichtungen suchen, kann

auch als Ausdruck der Überforderung damit verstanden werden. Bei Risikobio-
grafien werden ExpertInnen herangezogen.

Was Honig (2002, 310) bezüglich der Konstruktion von Kindheit feststellt,
nämlich dass dabei „Experten und der Assoziierung von wissenschaftlicher Ex-
pertise mit politischen Maßnahmen und rechtlich verfassten Instrumentarien"
eine Schlüsselrolle zukommen, gilt auch für den Prozess von unannehmbaren
Identitäten und gestörten Biografien. Kindheit – und das gilt in noch stärkerem
Maß für riskante kindliche Biografien – scheint

> „heute nicht (mehr) vorstellbar ohne das Hilfe- und Angebotsnetz der Einrichtungen,
> ohne das sozialpolitisch-rechtliche Verständnis, in dem Maßnahmen konzipiert und
> ergriffen werden, und ohne das pädagogisch-fachliche Handeln der verschiedenarti-
> gen sozialpädagogischen Experten." (Karsten, 1996, 155)

Ein riskanter kindlicher Lebenslauf verläuft über eine engmaschige Verkettung
verschiedener Systeme. Auf dem Label dieses ‚Stickwerks' steht nach wie vor
häufig ‚Integration'. Mit dem neuen Sozialisationsparadigma haben wir aber
gesehen, dass die Logik dieses Ziels nicht mehr funktioniert, wenn wir Subjekt
und Gesellschaft verschränkt denken. Bei diesem Ziel gerät sofort in den Blick,
dass damit auf eine Norm, auf ‚ein erstrebenswertes gesellschaftliches Innen'
und ‚ein gefährdetes und gefährliches Außen' zurückgriffen wird; Integration ist
mit diesen Konstruktionen verknüpft. Da wir einen postmodernen Standpunkt
einnehmen und somit der Normalität die Heterogenität entgegensetzen und auch
sehen, dass Grenzen, also auch die zwischen innen und außen, äußerst flüchtige
Phänomene sind, stellen wir fest, dass ‚Integration' in dem Hilfe-Strickwerk gar
nicht drinnen sein kann, auch wenn das noch drauf steht. Wir müssen uns also
auf die Suche begeben nach einem alternativen, realisierbaren und erstrebenswerten Ziel für soziale Einrichtungen.

Wir finden eine Idee bei der von Niklas Luhmann angestoßenen Systemtheorie und den darüber entwickelten Konzepten ‚Inklusion' und ‚Exklusion'.
Schauen wir uns zunächst den Grundgedanken seiner Theorie und einige für uns
relevante Weiterentwicklungen an.

Luhmann stellte sich die Frage, wie gesellschaftliche Systeme auf den Einzelnen einwirken und umgekehrt. Speziell interessierte er sich dabei für die Operationslogik von Systemen. Genau das Problem, vor dem wir gerade stehen. Und
seine Antwort lässt uns aufhorchen: Er sagt, das entscheidende Element von
gesellschaftlichen Systemen ist die Kommunikation. Das ist doch ein Begriff der
eng verwandt ist mit dem Dialog, deshalb ahnen wir an dieser Stelle schon, dass
hier ein Puzzleteil vor uns liegt, das wir brauchen und uns somit das ‚Vergnügen
des Zusammendenkens' bevorsteht. Was meint er damit? Fangen wir an, ihn zu
verstehen, indem wir zunächst klären, was er als gesellschaftliches System be-

zeichnet. Gesellschaftliche Systeme im Sinne Luhmanns sind ‚Funktionssysteme'. Für uns relevante Beispiele sind das Rechtssystem, die Politik, das medizinische System und natürlich das soziale System.[4]

Unsere heutige Gesellschaft kann über den Umbruch von einer ‚stratifikatorischen' zu einer ‚funktionalen Differenzierung' beschrieben werden. Einige Aspekte, die diese Veränderung kennzeichnen, haben wir schon bei der Definition von Postmoderne und dem kindlichen Risiko bezüglich des Lebenslaufs kennen gelernt.

Unsere Gesellschaft ist dadurch charakterisiert, dass es kein, die gesamte Gesellschaft betreffendes, Hierarchieprinzip mehr gibt und auch keinen allgemein akzeptierten außergesellschaftlichen Begründungszusammenhang, seien es Religionen oder andere Ideologien, der diese eine Hierarchie legitimieren könnte. Stattdessen bestehen die Teilsysteme einer funktional differenzierten Gesellschaft unabhängigen voneinander, eben als so genannte Funktionssysteme. Sie entstehen aufgrund gesellschaftlicher Problemlagen und bilden ihre eigene, spezifische Operationslogik aus.

Stichweh (2005) beschreibt die Entstehung eines Funktionssystems so: Es beginnt mit einer spezialisierten Kommunikation, die zunächst in einzelnen Situationen auftritt, aus dieser Kommunikation entstehen in einem zweiten Schritt spezialisierte Rollen, die sich über einen bestimmten Problembezug definieren und es findet zu seiner vollen Funktion dadurch, dass neben den „systemdefinierenden Leistungsrollen Publikumsrollen entstehen". (ebd, 13)

Die gesellschaftliche Einbindung eines Einzelnen erfolgt situationsweise, in bestimmte Teilsysteme und nicht, wie früher, anhand hierarchischer Merkmale wie Klasse oder Geschlecht in ‚die eine Gesellschaft'. Ausschlaggebend für eine gesellschaftliche Teilhabe und Teilnahme des Einzelnen ist, ob die ‚Funktion' eines Teilsystems im eigenen Lebenslauf zum einen relevant ist und ob sie zum anderen abgerufen werden kann. Die Funktionen der Teilsysteme werden von den konkreten Organisationen angeboten, zum Beispiel Hilfe von Kinder- und Jugendhilfeeinrichtungen. Die einzelne soziale Einrichtung ist also, wenn man so will, eine Zelle eines gesellschaftlichen Teilsystems. Kinder- und Jugendhilfeeinrichtungen und Schulen sind so auf das ‚soziale System' verwiesen. Wobei die konkreten Organisationen insofern konstitutiv für das soziale System sind, weil sie die ‚Kommunikationsstätten' sind, weil mit ihnen das abstrakte ‚soziale System' erst kommunikations-, sprich funktionsfähig wird.

Das Besondere an der Systemtheorie von Luhmann ist dabei, dass er der Kommunikation nicht irgendeine Funktion für gesellschaftliche Systeme zu-

---

4 Ich nenne ausschließlich ein Teilsystem das ‚soziale System', nämlich jenes, das sich auf soziale Arbeit bezieht.

schreibt, sondern dass er davon ausgeht, dass Kommunikation ihr basales Element ist. Dazu Bernd Eggen (1994, 32):

> „Das Letztelement der Gesellschaft, das sie ermöglicht, ist eine autopoietische und selbstreferentiell operierende Kommunikation und nicht das Individuum, nicht das Subjekt als Handelnder und nicht der Mensch."

Das müssen wir uns genauer anschauen, weil dieser Satz hochrelevant ist, für diese systemtheoretische Vorstellung über das Wechselverhältnis zwischen einem einzelnen Menschen und der Gesellschaft. Wenn Luhmann davon ausgeht, dass jedes Teilsystem autopoietisch und selbstreferentiell funktioniert, meint er damit, dass es grundsätzlich ein geschlossenes System ist und dass sich seine Einheit daraus ergibt, dass es eine spezifische Beobachtung und Kommunikation von Welt beinhaltet. Ein Zusammenhang mit etwas außerhalb des Systems Liegendem kommt dabei erst einmal überhaupt nicht vor. Um verstehen zu können, wie sich Luhmann dann ein Wechselverhältnis vorstellt, sehen wir uns an, was er über die Operationslogik von Teilsystemen sagt.

Wir haben gehört, dass die Ausbildung eines geschlossenen Systems aufgrund einer gesellschaftlichen Problemlage entsteht und an einen besonderen Blick auf die Welt gebunden ist, der beispielsweise die Einschätzung beinhaltet, wann jemand Hilfe braucht. Dieser spezifische Blick ist laut Luhmann immer anhand eines ‚binären Codes' organisiert. Der binäre Code des uns vor allem interessierenden sozialen Systems ist die Unterscheidung in Hilfe versus Nicht-Hilfe. Über diese Unterscheidung, die er auch ‚Leitdifferenz' nennt, bildet das soziale System seine charakteristische ‚Form' aus. Das Rechtssystem zum Beispiel organisiert sich anhand des binären Codes Recht/Unrecht, das Wirtschaftsystem anhand der Unterscheidung Zahlung/Nicht-Zahlung, das medizinische anhand der von Krankheit/Gesundheit und das soziale System eben anhand der Leitdifferenz Hilfe/Nicht-Hilfe.

Wie funktioniert diese geschlossene Formbildung mit Hilfe dieses binären Codes bei dem sozialen System? Das soziale System stellt seine Form her, indem es aus den potentiell unendlichen Möglichkeiten, Hilfe zu definieren eine bestimmte auswählt und sie als die aktuelle Möglichkeit, Hilfe zu gewähren festlegt. Diese Festlegung passiert über Kommunikation, genauer über die Vorgänge der Bezeichnung und der Unterscheidung. Das heißt, die Leitdifferenz des sozialen Systems besteht in der Benennung, was wir unter Hilfe verstehen und der Abgrenzung aller potentiellen anderen Möglichkeiten, die damit zur Nicht-Hilfe werden. Der Sinn von Hilfe (und Nicht-Hilfe) wird über diese kommunikativ getroffene Unterscheidung hergestellt.

Wie kommt in dieser Kommunikationslogik von Hilfe der Einzelne mit seiner psychischen Befindlichkeit, die ihn vielleicht Hilfe suchen lässt, vor? Zunächst gar nicht, weil die Funktionssysteme geschlossene, ‚autopoietisch und selbstreferentiell' funktionierende Systeme sind.

Farzin (2006) sagt mit Luhmann, dass sich das soziale System und das psychische System deshalb nicht vermengen können, da das eine aus dem ‚Element Kommunikation' und das andere aus dem ‚Element Gedanken/Bewusstsein' besteht. Aber diese beiden geschlossenen Systeme sind ‚strukturell aneinander gekoppelt', es gibt eine so genannten ‚Interpenetration' über das gemeinsame Medium ‚Sinn'. Wie können wir uns das vorstellen?

Mit dem Interpenetrationsbegriff befinden wir uns wieder in dem Dunstkreis der Sozialisation (siehe dazu auch Zinnecker, 1996). ‚Interpenetration' kann im Rahmen des neuen Sozialisationsparadigmas gedacht werden, weil mit ihm zwar einerseits davon ausgegangen wird, dass psychisches und soziales System grundsätzlich unterschiedlich sind und sie jeweils einer anderen Operationslogik folgen, dass sie andererseits dabei aber wechselseitig die Existenzgrundlage des anderen darstellen.

Die Verschränkung von Subjekt und Gesellschaft funktioniert, in der Sprache der Luhmannschen Systemtheorie, darüber, dass beide Systeme das Medium Sinn nutzen, um ihre Form auszubilden. Kommunikation bringt Sinn hervor und die Gedanken/das Bewusstsein bilden ihre Form ebenfalls über eine Unterscheidung und Bezeichnung von Sinn: Bei der Kommunikation, indem eine (Hilfe-) Möglichkeit aus sämtlichen potentiellen Möglichkeiten herausgegriffen und als aktuelle Wahl festgelegt wird; bezüglich der Gedanken/des Bewusstseins indem unterschieden wird, was ist ‚real' und was ist (nur) ‚möglich'. Farzin bezeichnet soziales und psychisches System als „co-evolutiv verknüpft", weil sie sich gegenseitig über den gemeinsamen Rückgriff auf Sinn irritieren und dadurch Veränderungen in dem anderen System veranlassen.

Denken wir jetzt zusammen! Die Idee der Interpenetration von Psyche und Gesellschaft über das Medium Sinn können wir gut gebrauchen. Wenn wir noch einmal zurückgehen zu dem Gedanken, dass Identität einer Sprach- und Psyche einer Psycho-Logik folgt, erinnern wir uns, dass wir dabei auch davon ausgegangen, dass sich beide Prozesse gegenseitig bedingen. Wenn wir uns der systemtheoretischen Sprache bedienen, können wir dieses ‚aufeinander-bezogen-Sein' als Interpenetration oder strukturelle Koppelung bezeichnen. Bezüglich des Zusammenhangs von Subjekt und Gesellschaft könnten wir sagen, dass er über den Identitätsprozess verläuft und zwar in der strukturellen Koppelung von psychischen und sozialen Prozessen über die gemeinsame Nutzung des Mediums Sinn. Ich mache den Identitäts-Dialog als ‚Vermittlungslinie' aus, da er seine Form wie das soziale System über Kommunikation findet und er sich in der Sinnstiftung mit dem psychischen Prozess verschränkt.

Bezüglich eines unannehmbaren Identitätsprozesses haben wir gesagt, dass er entsteht, weil die im Dialog prozessierte Bedeutung nicht akzeptabel ist. Der dabei vorgeschlagene Sinn ist zwar möglich, kann aber nicht angenommen werden, weil das eigene Lebensgefühl diesem Sinn entgegensteht.

Wir sehen jetzt, dass die gegenseitige Einwirkung von sozialem System und dem einzelnen Menschen selbst Identitäts-Dialog ist. Eine Variante davon, die mit folgender Frage beschrieben wird: Deutet der Identitätsprozess dieses Menschen darauf hin, dass er Hilfe braucht oder nicht? Beziehungsweise, kann die Hilfe kommunikativ so angeboten werden, dass sie angenommen werden kann?

Mithilfe dieses Verständnisses der Identitäts-Dialoge als ‚Grenzlinien' zwischen Gesellschaft und den einzelnen Menschen, können wir die Frage aufgreifen, welche Rolle soziale Einrichtungen für die Biografie und Identität ihrer KlientInnen spielen und uns Chancen und Risiken sozialer Einrichtungen ansehen.

Wir haben verstanden, dass die Unterscheidung von Hilfe und Nicht-Hilfe für das soziale System konstitutiv ist und sehen jetzt, dass sie nicht zu trennen ist von dem Identitätsdialog, der ein unannehmbares Lebensgefühl prozessiert. Denn das soziale System verknüpft professionelle Hilfe mit der Zuschreibung einer Störung und Nicht-Hilfe mit einer reibungslosen Identitäts- und Biografiearbeit. Jede soziale Arbeit befindet sich damit in der Ambivalenz über das Hilfeangebot den Geist gestört/nicht-gestört heraufzubeschwören oder sich selbst in Frage zu stellen und funktionslos zu werden, wenn sie auf diese Unterscheidung verzichtet. Wie dieses Dilemma in der konkreten Beziehungsgestaltung zwischen Helfenden und KlientInnen bewältigt werden kann, wird uns im vierten Kapitel beschäftigen, wenn wir annehmen, dass die Kinder annehmbar sind.

Für den Moment wollen wir zu der Frage kommen, wie wir die Wirkungen sozialer Einrichtungen auf die Identitäts- und Biografisierungsprozesse ihrer KlientInnen verstehen können, wenn wir uns noch einmal der Operationslogik von Funktionssystemen zuwenden und dabei die Mechanismen der Inklusion und Exklusion ansehen. Im Nachvollzug dieser Mechanismen können wir ein Verständnis dafür entwickelt, wie es zu der Grenzziehung von ausgeschlossen und dabei sein kommt, wie also soziale Ungleichheit entsteht. Dazu Stichweh (2005, 166):

„Neben dem Funktionssystem gibt es heute nur noch wenige andere Formen der gesellschaftlichen Struktur- und Ordnungsbildung, die für gesellschaftliche Ungleichheit verantwortlich sind. Die ständische Ordnung, die jedem Gesellschaftsmitglied bei Geburt einen lebenslangen stabilen gesellschaftlichen Status zuwies, ist zerfallen. (..) Schichtzugehörigkeit ist ungewiss, und für viele Personen ist es eine schwer zu beantwortende Frage, welcher Schicht sie sich eigentlich zurechnen wollen."

In weiterer Folge nennt er, neben den Funktionssystemen und dem Wunsch nach der Zugehörigkeit zu einer gehobenen Schicht, noch die Nationen und die Ethnizität als Aufhänger für Ungleichheit. Und an anderer Stelle (ebd, 185) schreibt er:

„Bedeutsame soziale Unterschiede werden nicht mehr zwangsläufig als Unterschiede des Verfügens über materielle Ressourcen gedacht, sondern zunächst als Differenzen des Zugangs zu Kommunikationsmöglichkeiten."

Die Produktion von sozialer Ungleichheit ist ein charakterisierendes und mehr oder weniger stillschweigend toleriertes Merkmal der funktionalen Differenzierung unserer Gesellschaft. Wir haben gesagt, dass in einer funktional differenzierten Gesellschaft, bei einem Nebeneinander von Teilsystemen mit jeweils eigenen Leitdifferenzen und Operationslogiken, der Einzelne nur in die Teilsysteme eingebunden ist, die in seiner aktuellen Lebenssituation Relevanz haben. Das soziale System mit seiner Leitdifferenz Hilfe/Nicht-Hilfe ist für eine Person nur dann relevant, wenn sie die darüber definierte Hilfe in Anspruch nehmen möchte oder muss und es kommt zu einer Inklusion, wenn diese Person auch von dem sozialen System als bedeutend adressiert wird, wenn also der Hilfebedarf gegenseitig kommunikativ festgestellt wird. Das bedeutet Inklusion: Die Berücksichtigung einer Person in einem Funktionssystem.

Im Prinzip kann jeder Mensch in jedes Funktionssystem eingebunden werden und diese grundsätzliche Logik der Funktionssysteme wird als ‚Vollinklusion' bezeichnet.

„Aber zugleich wird unstrittig sein, dass dieses Prinzip der Inklusion aller denkmöglichen Adressen in alle Funktionssysteme in der sozialen Wirklichkeit der Systeme nicht realisiert ist. Deshalb kommt die andere Seite der hier zu untersuchenden Unterscheidung ins Spiel: die Seite der Exklusion. (..) Es kommen also Exklusionen massenhaft und millionenfach vor, und dies ist der Ausgangspunkt der Theorie der Inklusion und Exklusion in der modernen Gesellschaft." (ebd, 182)

Wem das neue Sozialisationsparadigma, die Infragestellung einer allgemeingültigen Normalität und der Grenze zwischen Innen und Außen als Begründung für die Notwendigkeit statt Integration für soziale Einrichtungen ein neues Ziel suchen zu müssen nicht ausgereicht hat, wird sich jetzt mit auf die Suche machen. Denn Luhmanns systemtheoretische Konzeption macht uns klar, dass in einer funktional differenzierten Gesellschaft soziale Einrichtungen als Kommunikationsstätten des sozialen Systems wenn dann nur in eben dieses integrieren kön-nen. Da es zwar strukturelle Koppelungen auch zwischen Funktionssystemen gibt, jedes Teilsystem aber prinzipiell ein geschlossenes ist, die dabei stattfin-dende Kommunikation also immer nur an die Logik der Kommunikation dessel-ben Systems anschließen und auch immer nur eine weitere solche hervorbringen kann, hat ein gesellschaftliches Funktionssystem überhaupt nicht die Möglich-keit, in andere Teilsysteme zu inkludieren. Jedes Funktionssystem adressiert seine Mitglieder in seiner eigenen Kommunikationslogik und keinem Teilsys-tem, also auch nicht dem sozialen System, kann eine übergreifende Inklusions-funktion zukommen.

Wenn sich soziale Einrichtungen also Integration als Ziel setzen, so ist das ein außerordentlich leicht zu erfüllendes Ziel in dem Sinn, dass die KlientInnen ohnehin schon qua ihrer Adressierung als KlientInnen in das soziale System inkludiert sind und gleichzeitig ein unmögliches Ziel in dem Sinn, dass diese Inklusion nie eine Integration in ‚die Gesellschaft' bedeuten kann, ja nicht ein-mal eine Inklusion in ein anderes gesellschaftliches Funktionssystem.

Wenn wir dieser Sichtweise folgen, können wir dann ein erstrebenswertes Ziel für soziale Einrichtungen darin sehen, ihre KlientInnen wenn schon nicht zu aktuellen, dann zumindest zu potentiellen Adressen für gesellschaftliche Teilsys-teme zu machen, aus denen sie exkludiert sind, in die sie aber gerne inkludiert wären?

Fragen wir uns bei der Prüfung, ob das ein Ziel sein könnte, zunächst, wie es zu Exklusionen kommt. Lesen wir wieder bei Stichweh (ebd, 182) nach:

> „Exklusion meint in einer auf Kommunikation basierten Gesellschaft, dass jemand nicht mehr (..) als eine Adresse für Kommunikationen (es sei den jene, die den Akt der Exklusion vollziehen und ihn reproduzieren) in Frage kommt."

Aber Stichweh denkt Inklusion und Exklusion nicht als zwei Seiten einer Me-daille, sondern er geht davon aus, dass sie stattdessen in einem hierarchischen Verhältnis zueinander stehen. Wie er das meint, wird klar, wenn man sich vor-stellt, dass unsere gesellschaftlichen Teilsysteme heute globalisiert funktionieren und jede Inklusion damit immer eine Inklusion in eine Weltgesellschaft ist. Be-züglich der Exklusion sagt Stichweh jedoch, dass sie aufgrund spezifischer Son-derbedingungen in Funktionssystemen und regional problematischer struktureller Koppelungen von Funktionssystemen zustande kommt. Der Inklusion in das System der Weltgesellschaft stehen demnach „eine Vielzahl untereinander nicht vernetzter Exklusionsbereiche in Regionen dieses Systems" (ebd, 46) gegenüber.

Eine weitere Besonderheit besteht darin, dass vielfach Exklusionen in die Form einer Inklusion gebracht werden. Dies gilt in ganz wörtlichem Sinn und damit offensichtlich für Gefängnisse, bei denen die ‚Ausschließung' eine ‚Einschließung' ist, aber in derselben Weise auch für andere soziale Einrichtungen, die ihre AdressatInnen in Menschen finden, bei denen die Adressierung von anderen Teilsystemen misslungen ist und die eben in diesem Sinne aus einer vorangegangenen Exklusion ihre Inklusionslogik schöpfen. Stichweh meint, dass in unserer Gegenwartsgesellschaft versucht wird, alle explizit vollzogenen Exklusionen in die Form einer Inklusion zu bringen. Und das können wir nachvollziehen: Der Ausschluss von Kindern aus Regeleinrichtungen, seien es Schulen oder andere Institutionen wird dadurch legitimiert und allgemein akzeptiert, weil mit spezialisierten pädagogischen Einrichtungen sofort eine andere Inklusion bereitsteht.

Problematisch ist nicht die einzelne Exklusion, sie ist in Anbetracht der zunehmenden Pluralisierung und der wachsenden Zahl von Teilsystemen unvermeidlich, erst eine kumulative Exklusion ist kennzeichnend für eine riskante Biografie. „Das Problem besteht [dann] in dem Sachverhalt, dass das Individuum durch die bereits vorgefallenen Exklusionen innerlich und äußerlich markiert ist", stellt Stichweh (ebd, 195) fest und wir übersetzen die innerliche Markierung mit der unannehmbaren Identität und die äußerliche mit der Störbiografie.

Die Kommunikation in sozialen Einrichtungen für störende Kinder inkludiert dann, wenn es zu der Übereinkunft kommt, dass die ExpertInnen Hilfe geben und die KlientInnen Hilfe brauchen und empfangen werden. Kommt es zur Inklusion in das soziale System, kann die Hilfe einsetzen, die über die Leitdifferenz als Hilfe definiert wurde; gleichzeitig wird damit aber auch die Festlegung, was Hilfe und was keine Hilfe ist reproduziert und so die Stabilität und das Fortbestehen des sozialen Systems gesichert.

Eine überzeugend kommunizierbare Leitdifferenz ist für jedes Funktionssystem überlebenswichtig, denn nur dann werden die strukturellen Koppelungen beispielsweise mit dem politischen System, dem Rechtssystem oder dem System Familie erfolgreich sein und nur so kann das soziale System verhindern, dass es nicht ebenso wie es zu einem historischen Zeitpunkt aufgetaucht ist, wieder verschwindet.

Weil sich soziale Einrichtungen in der Paradoxie befinden, auf das einzelne Kind erzieherisch einwirken zu wollen und sollen, das psychische System, wie wir gesehen haben, aber kein direkter Adressat der in ihr stattfindenden Kommunikation ist, sichern sie sich ihre Wirksamkeit über die Identität ab. Matthias Proske (2003, 145) formuliert die zugrunde liegende Paradoxie so:

> „Das Spezifische und zugleich Paradoxe der Erziehung besteht darin, dass für sie die Kluft zwischen Kommunikation, die sie selbst ist, und individuellem Bewusstsein, auf das sie einwirken möchte, zum Ausgangspunkt der Selbstkonstitution wird."

Niemand kann wissen oder gar festlegen, wie sich erzieherische Kommunikation auf die psychische Verfassung eines Kindes auswirkt und das deshalb, weil die Psyche ‚sprachlich' eben nicht zu fassen ist. Auch wir ExpertInnen können nicht ‚sagen', wie eine psychische Veränderung vor sich geht. Und gerade diese Unsicherheit macht eine Absicherung über die Identität der KlientInnen so ‚unverzichtbar'. Die klare Identifizierbarkeit von KlientInnen sichert sowohl die eigene Identität als ExpertIn, die ‚Sinnhaftigkeit' des professionellen kommunikativen Handelns, die Notwendigkeit spezifische sozialer Einrichtungen als auch letztendlich das soziale System als solches ab.

Aus diesem Blickwinkel ist das, was störenden Kindern passiert, nämlich dass ihnen eine Störung zugeschrieben wird, noch einmal anders zu begreifen. Hier sehen wir, dass es sich nicht nur um eine fahrlässige Sprachverwendung handelt, mit der wir dem Kind einen anderen Namen geben, sondern dass dieser andere Name, im Sinne einer Identifizierung, etwas ist, worauf das soziale System angewiesen ist, weil ‚Hilfe' nur nach einer zuvor zugeschriebenen Störung einsetzen kann.

Später werden wir uns fragen, warum dieser Name ausgerechnet ‚Störung' heißt und wie es dazu kommt, dass störende Kinder eine institutionalisierte professionelle Hilfe nur dann bekommen können, wenn ihnen über ein kinder- und jugendpsychiatrisches Gutachten ein ‚Störname' gegeben und im Zuge dessen ein Paragraf des Kinder- und Jugendhilfegesetzes zugerechnet wurde. Anders formuliert werden wir uns die Frage stellen, wer die Macht hat, zu definieren, was Hilfe ist und was nicht und das ist, wie wir gesehen haben, gleichbedeutend ist mit der Frage, wann Hilfe gewährt wird und wann nicht.

Kommen wir jetzt aber zurück zu der Frage, was ein erstrebenswertes Ziel für soziale Einrichtungen für Kinder sein könnte. Bezüglich der Form Schule stellt Proske (ebd, 159) fest:

„Wenn die pädagogische Absicht im Unterricht darin besteht, die soziale Anschlussfähigkeit von Personen durch die Vermittlung von Lebenslaufrelevantem zu erhöhen, dann macht bereits dieses Ziel das Eigeninteresse unterrichtlicher Kommunikation an einer Bezugnahme auf Erwartungen der gesellschaftlichen Umwelt deutlich."

Wenn wir einer postmodernen Moral folgen wollen und damit auf die Pluralität in den Lebensentwürfen setzen, werden wir uns mit der Bezugnahme auf Erwartungen schwer tun, weil wir die gesellschaftliche Umwelt als divergierende Umwelten sehen und dementsprechend die Erwartungen vielfältig und widersprüchlich sind. Die Idee, als Ziel zu definieren, unsere KlientInnen zu potentiellen AdressatInnen von möglichst vielen von ihnen angestrebten Teilsystemen zu machen, erscheint daher plausibel. Dieses Ziel bedeutet aber nichts anderes als sie kommunikationsfähig zu machen.

Risiko und Chance sozialer Einrichtungen ergeben sich aus der Weiterführung der Kette: unannehmbar-Sein – Störbiografie – Exklusion – Inklusion in das soziale System. Das Risiko besteht darin, diese Kette über die Erneuerung der unannehmbaren Identität zu schließen, und zwar aufgrund der notwendigen Benennung mit einem Störnamen, über die Aufrechterhaltung der kommunikativen Markierung also, die feststellt, dass dieses Kind eine Adresse für das soziale System ist, so dass es zwar zu einer Inklusion kommt, aber zu einer, die nichts desto trotz einen gesellschaftlichen Ausschluss bedeutet und diesen manifestiert.

Demgegenüber steht eine wunderbare Chance, nämlich die, über die Adressierung, über die Inklusion die Kommunikation neu aufzunehmen. Die Wiederaufnahme der Kommunikation ist meines Erachtens nicht nur das erste, sondern das einzig relevante und realistische Ziel für soziale Einrichtungen. Wenn wir darunter nicht die feststehenden Dialogschablonen verstehen, ist das ein außerordentlich anspruchsvolles Ziel. Die Idee ist, dass sich unsere KlientInnen über unser Kommunikationsangebot ihre Kommunikationsfähigkeit (wieder) erarbeiten können.

Wir haben gesagt, dass das soziale System seine Wirkung auf den Einzelnen über den Identitäts-Dialog entfaltet, der eröffnet wird mit der Frage, „Braucht dieses Kind Hilfe und nimmt dieses Kind Hilfe an?" und dessen Wirkungsbereich zu Ende ist, wenn darauf mit „Nein" geantwortet wird. Wenn es uns gelingt, die Kommunikation, die los geht mit Fragen an uns ExpertInnen wie „Was hat mein Kind?", „Warum hat mein Kind was?" und Appellen wie „Helfen Sie uns!", „Machen Sie, dass alles wieder gut wird!", wenn es gelingt diesen Kommunikationsbeginn dahingehend zu transformieren, dass darauf nicht mit Diagnosen reagiert wird, sondern der Aufbau der Kommunikationsfähigkeit selbst zum Thema und Ziel wird, dann verstehe ich darunter Hilfe. Wenn wir unser ExpertInnentum so definieren, dass wir KommunikationsexpertInnen sind, also Kommunikationshilfe anbieten, dann können wir so gemeinsam akzeptable biografische Erzählungen produzieren und über eine Neuaufnahme des Identitäts-Dialogs die Möglichkeit realisieren, dass dieser wieder annehmbar wird.

An anderer Stelle haben wir nachvollzogen, dass die gesellschaftliche Teilhabe und Teilnahme über die Biografiearbeit gesichert wird und wir haben gesagt, dass diese dann erfolgreich sein wird, wenn wir uns und den anderen konstruktiv von uns erzählen können. Jetzt sehen wir, dass Kommunikationsfähigkeit gleichzeitig für die biografische Narration und für die Inklusionsmöglichkeit in gesellschaftliche Teilsysteme die Voraussetzung ist. Und auch vom Identitätsdialog wissen wir, dass die Frage, ob er eine positive oder eine negative Strahlkraft auf die Psyche hat, davon abhängt, ob es gelingt, eine gemeinsame Sprache zu finden.

Wer bin Ich also, dass ich Dir sagen könnte, wer Du bist? Wenn ich als ExpertIn sage, wer oder wie das Kind ist, ihm also entsprechend seiner unannehmbaren Identität und brüchigen Biografie einen Störnamen gebe, mache ich damit zwar nichts Unmögliches, im Gegenteil, diese Möglichkeit wird von dem sozialen System unserer Gesellschaft nahe gelegt und dennoch scheint es mir so, als würde ich damit etwas Sinnloses tun. Aber lassen wir die Spindel dieses Gedankens einstweilen noch liegen und spinnen stattdessen das Netz des sozialen Systems weiter.

Fassen wir dazu zusammen, welche Gedanken wir mit dem Ausflug in die Systemtheorie für unser Verständnis über den Zusammenhang von sozialen Einrichtungen und Kindern gewonnen haben, die aufgrund eines Gefühls des unannehmbar-Seins stören und die dem Risiko einer Störbiografie ausgesetzt sind: Luhmanns Konzeption der gesellschaftlichen Funktionssysteme, als deren Letztelement er Kommunikation setzt, ermöglicht es uns, Identitätsdialoge noch einmal von einer anderen Seite zu betrachten. Wir haben seinen Vorschlag mit der bisher entwickelten Vorstellung von Identität zusammengedacht und darüber den Gedanken verfolgt, dass die Verschränkung von Psyche und Gesellschaft über den dialogischen Identitätsprozess verläuft.

Wir haben gesehen, dass eine unannehmbare Identität nicht nur über die Kommunikation zwischen Bezugspersonen entsteht, sondern auch die Kommunikationslogik der gesellschaftlichen Funktionssysteme dazu beiträgt. Und das aufgrund von zwei Aspekten des sozialen Systems, nämlich einmal über seine Leitdifferenz, mit der festgelegt wird, was Hilfe/Nicht-Hilfe ist und zum anderen über seine spezifische Inklusionslogik, die beinhaltet, dass seine AdressatInnen von kumulativen Exklusionen betroffene Personen sind. Jede soziale Einrichtung befindet sich damit in der Ambivalenz, dass sie ihre KlientInnen dem Risiko einer Manifestierung des unannehmbaren Identitätsdialogs aussetzt und ihnen gleichzeitig, eben weil sie sie zu Adressen macht, oder anderes ausgedrückt, weil sie Kommunikation aufnimmt, die Chance bietet, den Identitätsdialog neu und annehmbar zu gestalten und eine produktive Biografiearbeit anzukurbeln. Damit letzteres den Kindern gelingen kann, ist es entscheidend, dass sie Kommunikationsfähigkeit entwickeln, so dass wir das nicht nur als logisches, sondern auch als ausreichendes Ziel für soziale Organisationen betrachten können.

Diese Sichtweise bringt uns dazu, es als erstrebenswert zu erachten, die bisherige Verknüpfung von Hilfe mit der gutachterlichen Feststellung einer Störung des Kindes ebenso aufgeben und umformulieren zu wollen, wie wir es bereits bezüglich ‚gestört/stören' getan haben.

Was passiert, wenn wir den neuen Anknüpfungspunkt für Hilfe statt in einer persönlichen Störung in jedem dauerhaft gestörten Dialogprozess sehen? Mit dieser neuen Verknüpfung würde das derzeitige, zuvor benannte Risiko ausgeschaltet, da grundsätzlich jede/r DialogteilnehmerIn Hilfe anfordern kann – das Kind, ein Elternteil, andere Eltern, ein Kindergärtner, eine Lehrerin, ein Arzt – ohne sich deshalb selbst als gestört diagnostizieren lassen zu müssen.

Es ist klar, dass die Umsetzung dieser Idee eine gesellschaftliche Bewegung verlangt. Die aktuellen strukturellen Koppelungen zwischen dem sozialen, dem medizinischen und dem Rechtssystem müssten sich mit diesem neuen Selbstverständnis des sozialen Systems verändern, da keinem von beiden mehr eine Zuweisungsfunktion für das soziale System zukäme. Man muss keine Seherin sein, um vorauszusagen, dass dabei mit Widerstand zu rechnen ist und dass dies eine Frage der Macht ist.

3.3 Die Dimension Macht

Nicht nur bei diesem letzten, sondern auch bei den anderen Themen, über die wir bis jetzt nachgedacht haben, schwingt die Dimension Macht mit: Wer entscheidet, welche Identitäts-Dialoge wir führen, wer entscheidet über Stigmatisierung und Annehmbarkeit? Wer verteilt die Chancen auf produktive Biografisierungsprozesse, wer kann diskriminieren? Wer sagt, was ein Kind ist und welche Rechte nur Erwachsenen zustehen? Wer entscheidet über Inklusion und Exklusion? Wer kann Kommunikationsfähigkeit erwerben? Wer legt die Leitdifferenz des sozialen Systems fest?

Oder anders formuliert: Wer hat die Macht, Grenzzäune zu errichten und sie bewachen zu lassen?

Wenden wir uns mit dieser so nahe liegenden und ebenso komplizierten Problemstellung an einen Aufstöberer und Aufstachler der Macht, Michel Foucault. Und gleich als erstes zeigt er uns einen ihrer charakteristischen Tricks, in dem er uns sagt: Niemand hat die Macht dazu und trotzdem ist sie immer am Werk.

Ich darf vorwegnehmen, was Sie ohnehin gleich merken werden, Foucault ,begeistert' mich. Und es passt außerordentlich gut, dass sein Name in der Mitte des Textes fällt, weil seine Gedanken eine Ausstrahlung haben, die auch in den anderen Kapiteln einen Schimmer hinterlassen. Und tatsächlich geht es mir dabei wie Ihnen, auch mir wurde das erst mitten im Arbeitsprozess so deutlich.

Seine Konzeption von Macht ist als eine Dimension seiner ,Version des Seins' zu begreifen; tauchen wir deshalb ein wenig, gerade so weit als nötig für unser Interesse, in seinen Kosmos ein. Da es ein ganzer Gedankenkosmos ist, den er uns zur Verfügung gestellt hat, ist alles andere hier ohnehin ein unmögliches Unterfangen.

Wir stehen also an einem Ufer des ‚Foucaultschen Meeres' mit den ‚Macht-Flossen' in der Hand und wollen sie darin ausprobieren. Damit wir dabei nicht gleich erschöpft aufgeben müssen oder uns irgendeine Welle erfasst, achten wir auf die Strömung und stellen fest, dass er uns seine Gedanken oft in Bildern vermittelt. Um ihn zu begreifen, versuchen wir also, der Sprache zu folgen und gleichzeitig zu sehen, uns einzulassen, auf seine ‚Worte und Dinge' und auf seine darüber konzipierte ‚Ordnung der Dinge'.

Mit diesem Versuch befinden wir uns schon mitten in einer zweiten von Foucault analysierten Dimension, dem ‚Wissen', das er aus ‚Sagbarem' und ‚Sichtbarem' zusammensetzt. Foucault sagt uns, dass Macht und Wissen miteinander verknüpft sind in einem Macht-Wissens-Komplex und er schlägt uns vor, das Wissen als Schicht zu sehen und die Macht als Kraft, er versteht das Wissen als Archiv und die Macht als Diagramm. Dabei ist ihre Verknüpfung keine Vermischung, weil zwischen Macht und Wissen eine Wesensdifferenz besteht, die unüberbrückbar ist: Das Wissen ist geschichtet und kann archiviert werden, die Macht hingegen ist eine Ausstrahlung, sie verteilt und mobilisiert. Wo wir also unsere Macht-Flossen ausprobieren, ist die Wissens-Dimension. Und insofern die Macht eine Bewegung ist und das Wissen eine Formation, hat die Macht in dem wechselseitigen Verschränkungsverhältnis einen gewissen Vorzug, weil über ihr Mobilisieren, ihr Verteilen, das Wissen konstituiert wird. Dennoch braucht die Macht andererseits die Dimension des Wissens, eben weil sie selbst diffus ist, blind und stumm, sie nichts sieht und nichts sagt; aber sie kann sich äußern und das kann sie über das Wissen: Sie bringt zum Sehen und zum Sprechen.

Wenn Foucault sagt, dass niemand die Macht hat Grenzen zu ziehen, dann meint er damit nicht, dass keine Grenzen gezogen werden, sondern dass es die Macht selbst ist, die sie festlegt. Weil die Macht aber eine Kraft ist, die darin besteht, andere Kräfte zu affizieren und von ihnen affiziert zu werden, sie also ein Verhältnis ist, kann man sie nicht ‚haben'.

Dieses ‚Prinzip' kennen wir schon von der Identität, über die wir gesagt haben, dass sie nicht über die Frage „Wer bin ich?" zu fassen ist, sondern indem wir uns fragen „Welche Dialoge führen wir über mich?". Auch eine Identität ‚haben' wir nicht, sondern wir befinden uns in dem dialogischen Identitätsprozess. Entsprechend sagt Foucault, dass Macht begreifbar wird, wenn wir uns, anstatt zu fragen, „Was ist Macht?", annähern über die Frage „Wie wird Macht ausgeübt?" Einen wichtigen Aspekt dazu haben wir schon festgestellt, nämlich dass sie über das Wissen ausgeübt wird.

Um also eine Antwort auf die Frage zu bekommen, wie es sein kann, dass Macht so verwendet wird, dass wir Kindern eine unannehmbare Identität anbieten, sehen wir uns zunächst das Wissen genauer an.

Bis jetzt haben wir gehört, dass Wissen eine Schicht ist, die aus Sagbarem und Sichtbarem besteht; es ist eine Formation und damit ist es endlich. Das gesamte Wissen ist das Archiv und dieses besteht aus Schichten, die jeweils das Wissen eines bestimmten Zeitpunkts darstellen. Foucault unterwirft das Wissen damit einem historischen Prinzip und zwar indem er davon ausgeht, dass jede Epoche immer alles in ihr Sagbare sagt und alles für sie Sichtbare sieht, die Schicht also eine historisch endliche Formation ist, die aus einem für eine Epoche charakteristischen Korpus besteht. Dazu schreibt Quadflieg (2006, 23):

„Gewissermaßen stellt Foucault damit die gesamte ideengeschichtliche Betrachtungsweise auf den Kopf: Untersucht wird nicht mehr der historische Wandel, dem die Vorstellungen über eine gleich bleibende Welt unterworfen sind, sondern in welcher Weise eine diskursive Anordnung von Aussagen eine bestimmte Erfahrung von Welt vorschreibt."

Von einer Schicht zur nächsten findet eine Variation in der Art des Sagens und der Weise des Sehens und ihrer Verbindung statt. Eine Wissensschicht ist ihrerseits eine Aufstapelung von Schwellen, genauer: Nur in den Schwellen existiert die Schicht. Vielleicht sind die Schwellen vergleichbar mit den von Luhmann so benannten gesellschaftlichen Funktionssystemen; weil Foucaults Denken eines in Bewegung ist, sagt er jedenfalls, dass diese Schwellen als Verwissenschaftlichung, Politisierung etc entstehen. Diese Subjektivierungen drücken aus, dass die Schwellen ‚wissenskonstituierende Praktiken' sind, eben Arten des Sagens und Weisen des Sehens, diskursive Praktiken der Aussage und nicht-diskursive Praktiken der Sichtbarkeit.

Dementsprechend besteht eine für Foucault charakteristische Art, sich einem Thema, wie beispielsweise dem des ‚Wahnsinns' oder dem der ‚Normalität', zu nähern darin, zu analysieren, was zu einem bestimmten historischen Zeitpunkt an Aussagen und Sichtbarkeiten zu diesem Thema produziert wurde, um das in Zusammenhang zu bringen mit dem, was wir heute produzieren. Oder, um es über die Macht zu formulieren: Er untersucht, wie sich das Kräftediagramm über die Konstituierung von Aussagen und Bildern als Wissen zu einem Thema aktualisiert hat.

Die über die Schwellen beschreibbare Wissensschicht besteht also aus Aussagen und aus Sichtbarem. Diese beiden Wissensformen stehen in einem vergleichbaren Verhältnis zueinander wie Macht und Wissen. Sie sind so fundamental andere Formationen, dass es nie zu einer Vermengung kommen kann. Deshalb fordert uns Foucault auch auf, zu sprechen und zugleich zu sehen, weil

Wissen in einer außergewöhnlichen Verflechtung dieser beiden Formen besteht, „obgleich beides nicht dasselbe ist und man nicht über das spricht, was man sieht, und nicht sieht, wovon man spricht". (Deleuze, 1992, 95)

Die Aussagen und die Sichtbarkeiten sind zwei Formen der Äußerlichkeiten, die in jeder Schicht des Wissens beständig durchdrungen sind, trotzdem sie nicht miteinander korrespondieren, also das was man sieht nie in dem liegt, was man sagt und umgekehrt. Wenn es uns gelingt, diesen Satz aufzuschlüsseln, haben wir die für uns wesentlichen Aspekte des Macht-Wissens-Komplexes erfasst. Stellen wir uns dazu folgende drei Fragen: Was ist gemeint mit ,Formen der Äußerlichkeiten'? Wie sind Aussage und Sichtbarkeit durchdrungen? Und was folgt aus ihrem Wesensunterschied?

Inwiefern ist eine Aussage (analoges gilt für die Sichtbarkeit bezüglich der Welt der Dinge) eine Äußerlichkeit? Foucault verwendet den Begriff Aussage nicht im Sinne einer Äußerung eines Menschen, sie ist viel mehr für ihn, sie ist das Sprache charakterisierende Element schlechthin. Benutzen wir ein Bild, um das zu verstehen und stellen uns einen Sternenhimmel vor. Foucault stellt die These auf, dass es ein ,Außen' des Wissens gibt und dass dieses aus Punkten der Unbestimmtheit besteht, aus singulären Punkten oder ,Singularitäten'. Unser Sternenhimmel ist dieses Außen des Wissens, es bildet eine Grenze mit dem Wissen. Eine Aussage stellt sich Foucault als Aussendung von Singularitäten vor. Das Außen jenseits der Aussage hat keine Form, ist eben unbestimmt und das genau weil es (noch) nicht durch eine Aussage fixiert und spezifiziert, also noch unverbunden ist. Erinnern Sie sich an das Bild, das wir benutzt haben, um uns die Identität als distantes Phänomen zu verdeutlichen? Wir haben uns dabei eine Verräumlichung vorgestellt, wie sie bei Alice im Wunderland vorkommt. Vielleicht dürfen wir uns Foucaults Aussagen-Aussendungen ähnlich vorstellen, sicher aber nicht als einfache Verbindung zwischen singulären Punkten. Die Aussage ist eine Verteilungskurve und darüber wird auch sein Verständnis über den Zusammenhang von Aussage und Subjekt klar.

Dass ein Subjekt nicht die AutorIn der Aussage ist, haben wir schon gehört. Wie passt das aber damit zusammen, dass wir zweifellos hören können, dass Subjekte Aussagen machen? Dieser Punkt ist wirklich zentral. Die Lösung liegt darin, dass Foucault der Aussage die Vorrangstellung innerhalb der Sprache gibt, das heißt, eine Aussage ist zwar durchaus über eine Subjekt- oder SprecherInnenposition beschreibbar, aber diese Position ist nur eine ihrer Variablen, der kein zentraler Stellenwert zukommt als den Objekten der Aussage und den dafür benutzen Begrifflichkeiten.

Er begreift die Subjekt-Position als variabel, das heißt, sie kann von einer Vielzahl von Personen eingenommen werden. Mehr noch, erst dadurch, dass es eine Streuung von SprecherInnen gibt, wird eine Aussage überhaupt eine Aussage. Erst wenn es zu dieser spezifischen Häufung, dieser Verteilungskurve von Subjekten kommt, spricht Foucault von einer Aussage. Eine einzelne SprecherIn kann einen Satz sagen, der wird aber erst zu einer Aussage, wenn andere SprecherInnen innerhalb einer gewissen Streuung ebenfalls die Subjekt-Position der Aussage einnehmen können. Eine Aussage ist demnach eine Mannigfaltigkeit. Wenn sie keine Mannigfaltigkeit ist, ist es ein unverständlicher Satz.

Und wie ist sie als Form der Äußerlichkeit zu verstehen? Gilles Deleuze, der mit Foucault querdachte, gibt uns einen entscheidenden Hinweis, indem er uns sagt, dass die Wahl der Begrifflichkeiten bei Foucault ihrerseits Ausdruck seiner Erkenntnismethode und Herangehensweise ist. Er sagt, Foucault ist ein ‚Denker des Außen', er denkt ‚im Außen', insofern bedeutet mit ihm zu denken:

> „Anstatt von einer erscheinenden Äußerlichkeit zu einem ‚Wesenskern der Innerlichkeit' überzugehen,(..) der illusorischen Innerlichkeit abzuschwören und die Wörter und die Dinge ihrer konstitutiven Äußerlichkeit zurückzugeben." (1992, 64)

Das heißt, weder für das Sagbare noch für das Sichtbare nimmt Foucault einen Wesenskern an, sie haben nichts ‚verinnerlicht', sondern über die beiden Formen des Wissens, das Diskursive und das Nicht-Diskursive, verteilen sich die Aussagen und die Sichtbarkeiten eben als ‚Äußerlichkeiten'. Eine Aussage ist demnach kein eindeutiges System und hat keine feste Struktur, in der sich ein Inhalt entfalten würde, sondern sie ist eine Verstreuung und wenn man davon sprechen möchte, dass sie etwas beinhaltet, so sind es Widersprüchlichkeiten. Sie ist gleichzeitig nicht sichtbar und nicht verborgen – wie eine Welle im Meer. Sie kann nicht direkt wahrgenommen werden, weil sie immer in Relation zu anderen Aussagen steht und weil sie verdeckt ist von Sätzen und Propositionen; sie sind es, die sichtbar sind. Sie ist aber auch nicht verborgen, weil sie das ‚wirklich Gesagte' betrifft und nicht einen hinter den Sätzen liegenden Kern, nicht einen in den Sätzen eingeschlossenen Inhalt.

Damit sind wir bei der zweiten Frage: Wie sind Sichtbares und Sagbares durchdrungen? Denn weil die Aussage nichts beinhaltet, sondern eine Form der Äußerlichkeit ist, kann klarerweise auch das Sichtbare nicht ihr Inhalt sein: Wir sagen nicht, was wir sehen, sondern wir sagen, was wir sagen. Wenn die Wörter sich aber nicht auf die Dinge beziehen, sondern (nur) auf andere Wörter, das Sichtbare also nicht mit den Wörtern abgebildet wird, welchen Zusammenhang gibt es dann zwischen der diskursiven und der nicht-diskursiven Welt? Foucault bietet uns ein Bild an, während er feststellt, dass es streng genommen gar keinen Zusammenhang gibt, ein radikales Bild: Zwischen dem Sagbaren und dem Sichtbaren klafft ein Riss. Aber er fügt (beruhigend) hinzu: Weil es diesen Riss gibt, diese Spalte, können Aussagen und Sichtbarkeiten überhaupt nur zueinander in Beziehung gesetzt werden. Sie sind gemeinsam die Schichten des Wissens, indem sie sich gegenüber stehen als Aussage-Formationen und Milieu-Formationen, beide als Formen der Äußerlichkeiten. Dazu noch einmal Deleuze (ebd, 73):

> „Das, was geschichtet ist, bildet nicht das indirekte Objekt eines Wissens, das danach auftauchte, sondern konstituiert unmittelbar ein Wissen: Belehrung durch die Dinge *und* grammatikalische Lektion."

Und wieder vergleichbar dem Verhältnis von Macht und Wissen, schreibt Foucault den Aussagen einen Vorrang zu, weil ihre Bedingung eine spontane ist, weil sie sich im Bestimmen äußern, während die Bedingung der Sichtbarkeiten die Rezeptivität ist, sie sich also als Bestimmbares äußern.

Wodurch aber wird die Anpassung von Bestimmung und Bestimmbarem geregelt, wenn durch sie ein Riss geht und sie selbst keinen Zusammenhang herstellen können, wenn ihre Begegnung als Distanz und an einem Nicht-Ort, nämlich dem der Spalte stattfindet? Wenn sie sich nicht selbst gegenseitig durchdringen, muss es eine gemeinsame ,immanente Ursache' geben, die die Anpassung der beiden Formen der Wissensschicht regelt. Und das ist die Kraft der Macht, sie durchdringt das Sagbare und das Sichtbare und regelt ihr Verhältnis. Ihre Ausstrahlung mobilisiert und verteilt, schichtet und aktualisiert das Wissen in die beiden Formationen. Und weil, wie wir schon gehört haben, die Kräfteverhältnisse der Macht diffus und mobil, instabil und ohne Mittelpunkt sind und sich in viele, auch widersprüchliche Richtungen gleichzeitig bewegen, entfalten sie ihrerseits ihre Wirksamkeit eben gerade nur indem sie Wissensschichten aktualisieren. Dabei zeigt sich das Kräftediagramm zugleich in den Bildern und streut Aussagen und dies aufgrund der spezifischen Logik des Aktualisierens. Denn Foucault sagt, Aktualisieren ist Verdoppeln. Sichtbar und sagbar werden kann etwas nur, wenn es sich genau in das Sichtbare und Sagbare verdoppelt, nur über die Aufspaltung in diesen Dualismus. Indem die Macht sich auf diese beiden divergierenden Formen verteilt, konstituiert sie so das Wissen und wird darüber wirksam. Die Kräfte des Machtdiagramms affizieren und können affiziert werden; davon leiten sich die Bedingungen des Sagbaren und des Sichtbaren ab, nämlich die Spontanität und die Rezeptivität.

Die singulären Punkte, unser Sternenhimmel, sind die Knotenpunkte des Machtdiagramms. Unverbunden liegen sie außerhalb des Wissens, die Strahlkraft der Macht verbindet die singulären Punkte und macht sie zu einer Aussage. Das Verbinden, das affizieren lässt die Form der Aussage entstehen und das, was verbunden und affiziert wird, bildet die Form des Milieus, das Sichtbare. Die Bewegung der Macht aktualisiert dadurch beides gleichzeitig, sie verknüpft das

Sichtbare und das Sagbare zum Wissen und ist dadurch vorausgesetzte Ursache jeden Wissens.

Bleibt die dritte Frage: Was folgt aus dem Wesensunterschied von Sagbarem und Sichtbarem? Präzisieren wir sie und kommen damit zu der eingangs formulierten Problemstellung zurück: Wie hängt dieser Dualismus mit dem Ziehen und Bewachen von Grenzzäunen zusammen? Das scheint mir die für uns relevante Variante der Frage „Wie wird Macht ausgeübt?" zu sein. Vergegenwärtigen wir uns zunächst noch einmal die Antwort, die wir schon kennen: Den für die Macht charakteristischen Trick – niemand hat Macht und trotzdem ist sie immer am Werk – haben wir durchschaut, weil wir festgestellt haben, dass sie ein Verhältnis ist, eine Kraft des Affizierens und affiziert Werdens, die in den beiden Formen des Wissens wirkt, indem sie sich gleichzeitig in Sagbarem und Sichtbarem äußert, sich in diesem Dualismus aktualisiert. So wie wir für das Wissen festgestellt haben, dass es nicht sichtbar und nicht verborgen ist, können wir für die Macht sagen, dass sie nicht anwesend und nicht abwesend ist.

Weil die Macht das Wissen in einen Dualismus aufspaltet und weil keine andere Durchdringung von Sichtbarem und Sagbarem stattfindet als die der Macht, können wir jetzt verstehen, dass die Grenzen von den Kräfteverhältnissen der Macht gezogen werden. Wenn es eine Art ‚innere Korrespondenz' zwischen den Aussagen- und den Milieuformationen gäbe, würde diese eine Grenze vorgeben, da der Wesensunterschied aber fundamental ist, kommt es allein auf die aktuelle Aufspaltung an, was wir gleichzeitig sagen und sehen, was wir wissen können. Es ist die Nicht-Beziehung, die Dualität, die uns vor das Problem der Grenzen stellt, was gleichbedeutend ist mit dem Problem des ‚Wahren'. Denn läge das Wahre in der Korrespondenz, könnte man es theoretisch ‚wissen', da es diesen ‚natürlichen' Zusammenhang aber nicht gibt, präsentiert sich uns das Wahre im Bereich des Denkens immer als Problem und im Bereich des Wissens als Grenze des Sag- und Sichtbaren. Aus dem Wesensunterschied folgt, dass es die ‚Wahrheit' nur als Spielart der Macht gibt und durch sie Grenzen gezogen und bewacht werden.

Foucault fordert uns dementsprechend auf, die Wahrheit als Prozedur zu sehen. Er sagt uns, dass wir über die Prozesse des Sehens und Sagens, Fragen an das Wissen stellen: Was sehe ich? Was höre ich? Und es ist eine ganze Menge an Fragen, die dem Wissen in jeder Schwelle, in jeder Epoche anders gestellt werden. Jede Wissenschaft produziert eigene Fragen, die sich verändern, aber jedes Mal das Problem der Wahrheit aufwerfen. So entsteht ein Mehr an Fragen, die das Wahre im Wissen nur als Problematisierung zulassen.

Verdeutlichen wir uns das anhand der elterlichen Frage „Was hat mein Kind?". Das Wahre in dieser Frage an das Wissen entsteht über die Problematisierung und kann gleichzeitig nicht darüber hinausgehen, weil es keine anderen

Antworten gibt als das, was innerhalb einer Institution zu einer bestimmten Zeit darüber sagbar und sichtbar ist. Anders ausgedrückt, wird über eine vergleichbare Lebenssituation eines Kindes je nach Epoche und abhängig von der Wissensschwelle, in der man sich befindet, Unterschiedliches gesagt und gesehen werden.

Das Wissen einer Institution hängt aber wiederum von den Machtbeziehungen ab, die aktualisieren und umverteilen, was gewusst wird. Wenn eine Institution die Fähigkeit hat viele Machtbeziehungen zu integrieren, kann sie viel sehen und sagen, also viele Wahrheiten produzieren und umgekehrt kann eine Institution über das Erzeugen von Wissen, Kräfte auf sich ziehen und die Macht ausweiten. Das Wissen einer Institution äußert sich aufgrund der Aufspaltung in den Dualismus diskursiv/nicht-diskursiv immer in Aussagen und Verdinglichungen, es gibt immer ‚Regeln', beispielsweise wie diagnostiziert wird und welche Begriffe gültige Diagnosen sind und ‚Apparate', wie die zur Messung der Gehirnströme und Blutzusammensetzung oder auch bestimmte Räume wie den ‚Timeout-Raum'. Das soziale System bündelt Sagbares über den Bereich der Diagnosen und Sichtbares in Form der konkreten sozialen Einrichtungen.

Wenn wir uns für den Charakter einer Institution interessieren, für die Chancen und Risiken, die sie birgt, müssen wir uns ansehen, welche Kräfteverhältnisse sie integriert und das bringt uns wieder dazu zu hinterfragen, welche Beziehungen sie zu anderen Teilsystemen hat. Denn es ist das von den Kräfteverhältnissen aktualisierte Wissen, mit dem das Ziehen und Bewachen von Grenzen legitimiert wird.

Wir verstehen jetzt: Die Aussagen und die Sichtbarkeiten sind zwei Formen der Äußerlichkeiten, die in jeder Schicht des Wissens beständig durchdrungen sind, trotzdem sie nicht miteinander korrespondieren, also das was man sieht nie in dem liegt, was man sagt und umgekehrt. Und: Aus dem Dualismus, der Wesensdifferenz von Sagbarem und Sichtbarem, der Nicht-Beziehung folgen die Prozeduren des Wahren und der Grenzen.

Während wir aus dem Wissenswasser steigen und uns hinsetzen, um die Flossen auszuziehen, dämmert uns: Es gibt kein Geheimnis.

4 Angenommen, Du wärst annehmbar

Wir bleiben einfach sitzen und nehmen uns Zeit, nachzudenken über das, was uns begegnet ist und Einiges wieder aufzugreifen, um es mit unserer Ausgangsfrage zu verknüpfen. Wir kommen ans Ende unserer Reise und wollen sichten, was wir mitgenommen haben.

Wir sind ausgegangen von einer Irritation, einer mit Eltern und KollegInnen geteilten Irritation im Zusammenleben mit störenden Kindern, die wir vereinfacht zusammenfassen können mit: Hier stimmt etwas nicht! Hier braucht es Veränderung! Und weil wir trotz der nachhaltigen Veränderungen, die wir in unserer Praxis miterleben, immer noch an etwas bei der Geschichte zweifelten, haben wir uns aufgemacht, um zu verstehen, was uns zweifeln lässt. Sehen wir uns an, welche Impulse in den Gedanken, die wir uns gemacht haben, liegen.

Ein zentraler Anknüpfungspunkt war immer wieder der Dialog. Wenn wir uns jetzt für Handlungsmöglichkeiten interessieren, richtet sich ein Hauptaugenmerk dementsprechend auch wieder auf dialogische Prozesse. Weil uns die Foucaultsche Konzeption der ‚Aussage' einleuchtet, scheint sich uns dabei aber gleich einmal eine kleine Paradoxie in den Weg zu stellen. Wir erinnern uns: Foucault geht davon aus, dass Subjekte nicht die UrheberInnen von Aussagen sind, sondern eine Aussage eine Mannigfaltigkeit ist, sprich erst zu einer Aussage wird, wenn die SprecherInnenposition vielfach eingenommen wird. Wo sollen wir dann aber ansetzen? Bedeutet die Degradierung des Subjekts in dem Sprachgefüge zu einem Aspekt unter mehreren, dass der einzelne Mensch eine Aussage gar nicht verändern kann?

Nein, denn jede/r Einzelne von uns kann sich entscheiden, ob er/sie die ‚leere Subjektstelle' einer Aussage einnimmt oder nicht, er/sie also ‚Etwas' sagt oder nicht. Und es geht im Foucaultschen Sinn um Veränderungen des Sagens (und des Sehens). Auch wenn ein einzelner Mensch eine Aussage aufgrund ihres Mannigfaltigkeitscharakters nicht sofort verändern kann, so können wir doch Widerstand leisten gegen Ordnungen, die uns nicht gut erscheinen. Wir können einen sensiblen Umgang mit Sprache pflegen, gemeinsam nach neuen Sätzen suchen und uns auch gegen Aussagen entscheiden. Heißt das nicht den Teufel mit dem Belzebub austreiben? Die gebrochenen Identitätsdialoge der Kinder mit einer Verweigerung der Aussage verändern wollen? Wir werden sehen.

4.1 annehmbar-Sein..

Greifen wir zuerst das Naheliegendste auf: Wie könnte eine Veränderung vom
unannehmbar-Sein zum annehmbar-Sein aussehen? Verfolgen wir noch einmal
den Prozess der Identität und fragen wir uns dabei, was anders wäre, wenn ein
Gefühl des ‚annehmbar-Seins' prozessiert würde.

Wenn ein Mensch bei der Frage „Welche Dialoge führen wir über mich?"
auf einseitige Zuschreibungen stößt, wenn es aufgrund von Stigmatisierungen zu
Brüchen im Prozess seiner Identität kommt, er also keine befriedigende Antwort
darauf finden kann, führt dies zu einem Lebensgefühl des ‚unannehmbar-Seins'
– so lautet der Grundgedanke. Wie könnte eine dazu komplementäre Variante
aussehen?

Formulieren wir sie zunächst: Ein Gefühl des ‚annehmbar-Seins' entsteht,
wenn die Inhalte der identitätsstiftenden Dialoge verhandelbar sind, wenn man
Einfluss hat auf die Bedeutungen, die sie transportieren, wenn die Zuschreibungen intersubjektiv erfolgen. Verhandelbare Inhalte sind die eine Voraussetzung.
Die andere, noch zentralere Bedingung scheint mir zu sein, dass der Dialogprozess ein gemeinsamer ist, das heißt, dass die Möglichkeit, aktiv teilnehmen,
kommunikativ handeln, oder anders ausgedrückt, eine Sprache für sich finden zu
können, für beide DialogpartnerInnen besteht. Wir werden diese zwei Aspekte
im Folgenden beleuchten: Zum einen den Inhalt der Dialoge und zum anderen
seinen Ablauf, den wir als die eigentliche ‚Identitätsarbeit' bezeichnen.

Letztere ist bei den Kindern, für die wir uns interessieren, durch Stören gekennzeichnet; wir haben gesagt, dass ihre Identitätsarbeit zum Kampf ausartet.
Wir haben aber auch festgestellt, dass das Stören Ausdruck ist für die Hoffnung
der Kinder auf Dialog; die Unannehmbarkeit wird provoziert und gleichzeitig auf
Annehmbarkeit gehofft. Was wäre anders, wenn sich diese Hoffnung erfüllen
würde?

Die Antwort ist klar, benennen wir sie trotzdem: Wir würden statt „Du bist
gestört." sagen „Du störst (mich)." und damit einen gemeinsamen Dialog eröff-
nen: Beide könnten fragen, „Warum, Wodurch?" und miteinander verhandeln,
was es braucht, damit die gemeinsame Störung so verändert werden kann, dass
sie bei keinem mehr einen Leidensdruck verursacht. Wir würden verzichten auf
stigmatisierende Zuschreibungen, also auch auf alle einseitig gestellten professionellen Diagnosen. Und das Stören würde als Identitätsarbeit anerkannt, das
heißt, die Herausforderung von den Kindern würde von uns Erwachsenen ernst
und die Kinder dadurch in ihrem So-Sein angenommen werden. Wir würden
erkennen und akzeptieren, dass die uns gemeinsam betreffende Störung auch von
beiden eine intensivere Identitätsarbeit erfordert. Schlicht aber ergreifend: Wir

würden das Stören anders bewerten, oder mit Foucault ausgedrückt: Wir würden einem anderen Wissen Geltung verschaffen, weil wir auf die Frage „Was sehe ich?" und auf die Frage „Was sage ich?" anders antworten würden.

Was, wenn wir aufhörten, die Kinder in Schubladen zu stecken? Und wir sie satt dessen (wieder) in die Lage brächten, den Dialogprozess mitgestalten zu können?

Das ist sicher nicht einfach. Denn es wäre illusorisch zu glauben, dass die Kinder allein durch ein anderes Dialogangebot von uns schon in der Lage wären, den Dialogprozess mitzugestalten; ein neues Angebot von uns, ist die eine Sache, aber: Kinder mit einem unannehmbaren Lebensgefühl verfügen auch nur über eine brüchige Fähigkeit, annehmbare Dialoge überhaupt führen zu können. Wenn sie sie je hatten, so ist sie ihnen spätestens durch die andauernden inakzeptablen Dialogangebote abhanden gekommen und sie haben stattdessen die Fähigkeit, sich zu entziehen, zu verweigern, zu kämpfen perfektioniert. Es fehlt ihnen ja gerade an einer akzeptablen Sprache und wir können annehmen, dass dies deshalb so ist, weil das eingebettet-Sein in annehmbare Dialoge und die Fähigkeit, eben solche zu führen, in einem wechselseitigen Verhältnis zueinander stehen. Befriedigende Identitätsdialoge zu führen fördert die Fähigkeit dazu und umgekehrt.

Wir haben gesagt, dass wir den Kindern einen annehmbaren Inhalt anbieten wollen und dass dieser lauten könnte: „Du störst (mich)." Mit einem annehmbaren inhaltlichen Angebot unsererseits könnte ein gemeinsamer Dialogprozess wieder in Gang kommen. Weil wir aber auch glauben, dass die Kinder erst (wieder) befähigt werden müssen, annehmbare Dialoge aktiv mitzugestalten, genügt es nicht, nur eine andere Bewertung anzubieten. Wir müssten sowohl einen anderen Inhalt als auch einen anderen Ablauf des Dialogprozesses anbieten: Eine andere Benennung, mit der wir eine akzeptierbare Bedeutung für die Kinder schaffen und ein ‚echtes' Dialogangebot, das dadurch gekennzeichnet ist, dass sich beide DialogpartnerInnen auf Identitätsarbeit einlassen. Wenn dieses andere Angebot Hand in Hand ginge mit der Unterstützung der Kinder, ihre Fähigkeit zu entwickeln, überhaupt annehmbare Dialoge führen zu können, könnten wir sie damit wieder kommunikationsfähig machen? Was, wenn wir die Kinder in diesem Sinne ‚doppelt adressierten'? Wenn wir uns gleichzeitig unserem gemeinsamen Identitätsdialog und ihrer Kommunikationsfähigkeit zuwendeten?

Die Befähigung zur Kommunikation haben wir schon im dritten Kapitel als Ziel für soziale Einrichtungen in den Raum gestellt und verstehen sie jetzt als eine Seite einer zweifachen Zuwendung. Was ist mit der Anderen?

Sie ist gekennzeichnet durch die Bereitschaft zur gemeinsamen Identitätsarbeit. Wenn aber beide DialogpartnerInnen gleichermaßen an ihrer Identität arbeiten, unterscheidet sich diese Adressierung nicht von jeder anderen zwischenmenschlichen Beziehung. Das heißt nichts anderes, als dass diese Adressierung keine Unterscheidung in KlientIn und HelferIn zulässt. Nichtsdestoweniger denke ich, dass sie ein notwendiger Teil im Hilfeprozess ist, allerdings einer, der sich nicht als professionelles Hilfeziel für unser derzeitiges soziales System formulieren lässt. Denn dieses braucht einen Hilfebedarf, der eine Unterscheidung zwischen KlientInnen und HelferInnen ermöglicht.

Schauen wir uns das noch einmal genauer an. Das Gegenteil eines ‚echten', Dialogs nenne ich einen ‚manipulativen' Dialog, der dadurch ‚unecht' ist, weil nur eine/r von beiden DialogpartnerInnen an seiner/ihrer Identität arbeiten soll. In diesem Fall wird ‚dia logos', ‚durch Sprache' von dem/der einen Dialogpartnerln eine Veränderung bei dem/der Anderen zu erreichen versucht. Der Verlauf eines ‚echten' Dialoges hingegen ist ungewiss und offen.

Ein echtes Dialogangebot regt die Identitätsarbeit von Kindern an, *weil* die Bedeutungen verhandelbar und offen sind; das bringt überhaupt erst in eine gemeinsame Ver-Handlung. Dieser intensive zwischenmenschliche Prozess aktiviert aber genauso die Identitätsarbeit der HelferInnen. In diesen Identitätsprozess sind KlientInnen und HelferInnen unterschiedslos eingebunden und für diesen Prozess steht auch kein ExpertInnen-‚Wissen' zur Verfügung, sondern wenn dann so etwas wie eine Übung darin.

Tatsächlich ist mein Eindruck, dass Menschen mit einer besonderen Fähigkeit zur Gestaltung des Identitätsprozesses häufig einen sozialen Beruf ergreifen. Diese Fähigkeit bei HelferInnen ist selbstredend zum Vorteil für ihre KlientInnen, aber sie ist nicht selbstverständlich. Sie wird in unserem derzeitigen sozialen System auch nur an einigen wenigen Stellen gefördert und an anderen Stellen sogar eher verstellt – durch ExpertInnenwissen, durch Qualitätsmanagement, das auf Verschriftlichungen aufbaut, durch Zeitdruck.

Auch die Kinder mit einer unannhembaren Identität sind ‚Identitäts-AktivistInnen'. Wenn ihnen der Wandel von der Unannhembarkeit zur Annehmbarkeit gelingt, ist es von dort ein Katzensprung zu einer virtuosen Identitätsarbeit, haben diese Kinder doch die Macht der Blicke und der Sprache der Anderen am eigenen Leib erfahren und dadurch ein Gespür für filigrane zwischenmenschliche Zustände und eine Sensibilität für Veränderungsmöglichkeiten entwickeln können.

Was haben wir bis jetzt skizziert? Für die Veränderung des Identitätsprozesses von einem unannehmbaren zu einem annehmbaren zu verändern, haben wir uns eine doppelte Adressierung vorgestellt. Da die eine Seite davon in einem Dialogangebot besteht, das in gleicher Weise Identitätsarbeit von von Klientinnen wie HelferInnen beinhaltet, lässt diese Seite sich in unserem derzeitigen sozialen System nur schwer ‚professionalisieren'. Die andere Seite stellt auf die Kommunikationsfähigkeit der KlientInnen ab und ermöglicht darüber eine Unterscheidung in Hilfegebende und -suchende. Auf diese Weise können wir auf die Zuschreibung einer ‚persönlichen Störung' verzichten.

Argumente für eine diesbezügliche Veränderung des derzeitigen sozialen Systems werden auch von anderen Seiten geliefert, weil die gravierenden systemimmanenten Probleme, die das jetzige mit sich bringt, gut bekannt sind. Das Problem der weiteren Stigmatisierung haben wir schon benannt und ebenso das Dilemma, dass ein Hilfebedarf festgestellt werden muss, will das soziale System nicht grundsätzlich arbeitslos werden. Daran schließt sich das Risiko an, dass Hilfe, wie sie derzeit definiert ist, unselbstständig machen kann.

Heiko Kleve (2007) hat diese Probleme in Anlehnung an Baecker den Stigmatisierungs-, den Motiv- und den Effizienzverdacht genannt und anschaulich gemacht, wie soziale Einrichtungen darin verstrickt sind. Als Konsequenz argumentiert er für die im sozialen System aktuell zur Diskussion stehenden Konzepte der Lebenswelt- und Sozialraumorientierung und nennt als Beispiel das in Berlin, von einem Team um Michael Biene, umgesetzte Triangel-Modell.

Warum also – vielleicht sollten wir ihn an die Wand malen und sagen: warum zum Teufel – ist in unserer Gesellschaft professionelle Hilfe mit der Benennung einer Störung bei den Hilfesuchenden verbunden?

4.2 ..und das Problem der Normalität

Diese Frage bringt uns zurück zu der Dimension Macht und Michel Foucault. Lassen Sie uns gleich zu Beginn unsere potentiellen KooperationspartnerInnen ins Boot holen, indem wir ihnen ein Angebot machen, ein Dialogangebot, natürlich ein echtes. Das heißt, wenn wir uns jetzt neue Machtverhältnisse wünschen, dann haben wir zwar eine Neuverteilung von Aufgaben und Verbindungen zwischen gesellschaftlichen Funktionssystemen im Sinn, aber wir stellen uns dabei tatsächlich eine gemeinsame Identitätsarbeit vor, bei der über die Veränderung unseres Profils, unsere relevantesten Partnersysteme – das sind vor allem das medizinische und das Rechtssystem – mit an neuem Profil gewinnen könnten.

Ich möchte diese Utopie in den Raum stellen. Eine andere Ordnung für eine bessere Welt. Zum Lachen? Das würde ja nicht schaden. Und wir sind nicht die einzigen, die sich mit Utopien herumschlagen. Christina Schachtner (2005, 113) schreibt unter der Überschrift „Ich habe eine Utopie..." etwas, das an sich schon genug Veränderungsimpuls für unsere Gesellschaft beinhaltet:

„Wenn sich nämlich ein Bewusstsein im Widerspruch zur geltenden Lebensordnung befindet, dann hat es in dieser Ordnung kein Zuhause mehr."

Ich habe diesen Satz am Wasser sitzend gelesen und danach lange auf die Wellen geschaut. Wo befindet man sich, wenn man kein Zuhause mehr hat?

Vielleicht ist dieser „andere Ort" (ebd, 123) unser Grenzgebiet? Dann bestünde das utopische Schreiben darin, sich eine Heimat vorzustellen, auszumalen, sie auszusprechen?

Ja, im Grunde bezieht der verbleibende Zweifel seine Nahrung aus den Grenzen, die wir vorfinden, aus dem, was uns als ‚normal' entgegentritt und was uns das ‚Andere' als ‚gestört' anbietet. Aber ‚was' stehen wir da gegenüber, ‚wer' macht uns dieses Dialogangebot?

Eine Macht, die Foucault (2007, 46) „Normalisierungsmacht" nennt, deren Kraft und Dynamik er uns sprachgewaltig und bilderreich zeichnet. Springen wir noch einmal ins Wasser, diesmal ohne Flossen, denn die Aussage dieser Macht verweigern wir in der Tat.

Das erste Buch, in dem Foucault darüber schreibt, heißt „Histoire de la folie", auf Deutsch „Wahnsinn und Gesellschaft". In dem Vorwort dazu, stellt er folgendes über die Kultur unserer Gesellschaft fest:

> „Der abendländische Mensch hat seit dem frühen Mittelalter eine Beziehung zu etwas, das er vage benennt mit: Wahnsinn, Demenz, Unvernunft. (..) Das Verhältnis von Vernunft und Unvernunft [stellt] für die Kultur des Abendlandes eine der Dimensionen ihrer Ursprünglichkeit dar."
>
> Kurz darauf stellt er in Aussicht: „Man könnte die Geschichte der *Grenzen* schreiben – dieser obskuren Gesten, die, sobald sie ausgeführt, notwendigerweise schon vergessen sind – mit denen eine Kultur etwas zurückweist, was für sie *außerhalb* liegt; (..) denn ihre Werte erhält und wahrt sie in der Kontinuität ihrer Geschichte; aber in dem Gebiet, von dem wir reden wollen, trifft sie ihre entscheidende Wahl. Sie vollzieht darin die Abgrenzung, die ihr den Ausdruck ihrer Positivität verleiht." (1973, 9)

1975 liest er über seine Gedanken, welche Kräfte bei der Entstehung der ‚Anormalität' seit Ende 19. Jahrhunderts wirken. Diese Vorlesungen sind in dem Buch „Die Anormalen" zusammengefasst, aus dem wir uns im Folgenden herausziehen wollen, was für unser Thema relevant ist.

Rekapitulieren wir noch einmal die Wirkungsweise der Macht: Sie ist eine Kraft, die Sagbares und Sichtbares in einer Wissensschicht verbindet, so dass für uns ‚Wahres' daraus wird, sie tritt in Erscheinung als Machtbeziehung.

Anhand der Normalisierungsmacht analysiert Foucault (2007, 31) die „Technologie der Macht", die in unserer Gesellschaft handlungsleitende Diskurse, wie sie in Ideologien gebündelt sind oder von Institutionen geführt werden, funktionieren lässt. Er hat die Idee, dass diese Machttechnologie in aufeinander bezogenen ‚Verdoppelungen' von Diskursen aus Medizin und Rechtsprechung, besteht. Diese Ansicht entwickelt er, während er untersucht, wie unsere Gesellschaft festlegt, was normal ist und was außerhalb liegt, was geheilt, weggesperrt oder bestraft werden muss. Dazu fragt er (ebd, 31): „Was geschieht in diesem Diskurs von Ubu[5], der im Herzen unserer Rechtsprechungspraxis und unserer Strafpraxis sitzt?"

Seine Antwort ist, dass es einen Diskurs gibt, den er eben ,Diskurs von Ubu' nennt, der einen neuen Typus von Macht hervorgebracht hat, die Normalisierungsmacht, die es geschafft hat, „das medizinische Wissen und die Macht der Rechtsprechung zu kolonisieren und zu verdrängen". (ebd, 46)

Als Geburtsstätte des Problems der ,Anormalen' macht er das gerichtsmedizinische Gutachten aus. In ihm und seinem Nachfolger, dem psychiatrischen Gutachten, hat die Normalisierungsmacht ihre Spielwiese gefunden. Indem dabei die Diskurse Recht und Medizin übereinander ,verdoppelt' werden, wird beiden Disziplinen Kraft entzogen; es wird ihnen ein Teil ihres Gegenstandes geraubt und ein Neuer eingeführt: Die Normalität.

Schritt für Schritt zeichnet Foucault die Entwicklung der Normalisierungsmacht über die Entwicklung der Psychiatrie, von deren zunächst radikal unbequemen Position, eigentlich über keinen eigenen Gegenstand zu verfügen hin zu einer gewaltigen Kompetenzerweiterung, die dazu geführt hat, dass die neue Funktion der Psychiatrie in nicht weniger als dem ,Schutz' und der ,Ordnung' für unsere Gesellschaft besteht, so dass sie heute grundsätzlich jedes menschliche Verhalten zu ihrem Gegenstand erklären kann. Der ,ubueske' Normalisierungsdiskurs hat es ermöglicht, dass sich die aus der Medizin stammende Psychiatrie nicht mehr mit Fragen der Krankheit auseinandersetzt, wie dies die ,Irrenärzte' noch taten, sondern mit der ,normativen Entwicklung' des Menschen. Dieser faszinierende Spagat – sich der Machtverhältnisse der Medizin zu bedienen und gleichzeitig deren Gegenstandsbereich links liegen zu lassen – gelang der Psychiatrie in der zweiten Hälfte des 19. Jahrhunderts, während sie etwas konstruierte,

> „das man große theoretische Gebäude nennen könnte, theoretische Gebäude, die nicht sosehr Ausdruck oder Übersetzung dieser Situation sind, sondern im Grunde funktionale Erfordernisse." (ebd, 405)

Diese für die Psychiatrie so notwendigen, weil machtbindenden Wissensgebäude beinhalten sowohl die Erfindung der ,Syndrome', die keine Symptome einer Krankheit mehr sind, sondern abweichende Verhaltensweisen beschreiben, als auch die Nutzung des Triebs und seiner psychoanalytischen Theoretisierung, über den das Abnormale rückwirkend wieder biologisiert werden kann und schließlich die Konzeptionalisierung von ,Zuständen'.

---

5 Er bezieht sich dabei auf „König Ubu", über dessen sowohl gewalttätige wie feige Machtausübung sein Erfinder Alfred Jarry, in dem gleichnamigen Theaterstück groteske Seiten der Macht zeigt.

„Welcher Körper aber kann einen Zustand produzieren, und zwar einen Zustand, der
den Körper des Individuums ganz und gar auf definitive Weise prägt? (..) Es ist der
Körper der Eltern, der Körper der Vorfahren, der Familienkörper, es ist der Körper
der Vererbung." (ebd, 413)

Und die Pointe: Indem die Psychiatrie über die Krankheit hinweg geht, besteht
ihre vorrangige Aufgabe auch nicht mehr darin zu ‚heilen', sondern eben im
Dienste der Ordnung der Gesellschaft, anormale Verhaltensweisen, anormale
Individuen zu ‚identifizieren'.

In der Identifikation dessen, was ‚normal' ist und was demgegenüber ‚außerhalb' liegt besteht die Normalisierungsmacht. Sie hat sich in der Psychiatrie
institutionalisiert und von diesem Stützpunkt aus ihre Gewaltspuren in sämtliche
Bereiche unserer Gesellschaft gezogen. Das konnte ihr laut Foucault deshalb
gelingen, weil sich das bis dahin mächtigste System, das Rechtssystem, trans-
formiert hat. Den Prozess dieser Transformation beschreibt er in „Überwachen
und Strafen. Die Geburt des Gefängnisses". Einen für uns an dieser Stelle relevanten Aspekt daraus nennt Foucault die ‚Medizinisierung der Kriminellen':
Indem StraftäterInnen als ‚krank' bezeichnet wurden, entstand eine Verbindung
zwischen der Frage des Pathologischen und des Illegalen. Eine schwerwiegende
Folge aus dieser Verknüpfung war die Einführung des gerichtsmedizinischen
Gutachtens.

Foucault geht entgegen der Vorstellung, dass eine bestimmte ‚Ideologie' da-
für verantwortlich war, davon aus, dass eine neue ‚Straftechnologie' diesen veränderten, ‚krankmachenden' Blick auf delinquentes Verhalten auslöste. Die
Souveränität des Königs, eines Alleinherrschers, der seine Macht über demonst-
rative Rituale ausübte, wurde abgelöst von kontinuierlichen Überwachungs- und
Kontrollmechanismen eines neu entstehenden Justizapparates. In ihm findet der
Normalisierungsdiskurs ein ‚Milieu', das ihn wachsen läßt. Zusammen mit der
‚Kopfgeburt' der Psychiatrie aus der Medizin verhilft diese neue Straftechnologie dem neuen Machttypus zu seinem Halt und seiner enormen Strahlkraft. Foucault (1977, 392) stellt das am Ende von „Überwachen und Strafen" folgender-
maßen dar:

„Wir leben in einer Gesellschaft des Richter-Professors, des Richter-Arztes, des
Richter-Pädagogen, des Richter-Sozialarbeiters; sie alle arbeiten für das Reich des
Normativen; ihm unterwirft ein jeder an seinem Platz, an dem er steht, den Körper,
die Gesten, die Verhaltensweisen, die Fähigkeiten, die Leistungen."

Jetzt verstehen wir, warum die Leitdifferenz des sozialen Systems ausgerechnet
mit der Benennung einer Störung verknüpft ist – das haben wir den gut etablier-

ten Beziehungen der Normalisierungsmacht zu verdanken. Und weil wir jetzt wissen, mit wem wir es zu tun haben, wessen Aussage wir verweigern wollen, fröstelt uns diesmal ein wenig beim Herauskommen aus dem Wasser.

Trotzdem blicken wir noch einmal zurück auf das dunkle Wissenswasser der Normalität. Denn eines würden wir gerne noch daraus erfahren: Wie steht es um die Kinder in diesem Diskurs?

Was wir sehen, verwundert uns nicht; nicht nach dem, was wir schon über die Ordnung von Kindern und Erwachsenen erfahren haben. Dabei haben wir gehört, dass sich unser Kindheitsverständnis aus der gemeinsamen Entstehungsgeschichte von Familie und Kindheit ableitet, ausgelöst durch eine sich verändernde ‚Arbeitstechnologie'.

Michel Foucault bietet uns noch einen weiteren Zusammenhang an, indem er sagt, dass die Normalisierungsmacht auch in den privaten und intimen Verhältnissen ihre Wirkung entfaltet und dass auch dadurch einem ‚neuen Familientypus' zur Durchsetzung verholfen wurde. Charakterisierend für die Familie der Moderne sind seiner Meinung nach Prozesse der „Somatisierung, Infantilisierung und Medizinisierung" (2007, 345), deren ‚Patient' ‚das Kind' wird. Das, was wir hier nur benennen, macht er anschaulich anhand der „Anti-Masturbations-Kampagne" (ebd, 323), deren Ziel die Kontrolle und deren Ergebnis die Pathologisierung der kindlichen Sexualität ist. In der Kombination mit dem Thema Inzest, durch das die Familie gleichermaßen verbunden wie bedroht ist und dem Triebthema, ist „die Kindheit im Begriffe, eine Scharnierfunktion für die neue Psychiatrie zu übernehmen". (ebd, 397) Denn über die Einverleibung der Kindheit, können die Begriffskonstellationen für die ‚Zustände' und ‚Syndrome' der Psychiatrie aus der gesamten Spanne der menschlichen Entwicklung bezogen werden.

Ein wunderbar groteskes Beispiel der Normalisierungsmacht ist das ‚Aufmerksamkeits-Defizit-Hyperaktivitäts-Syndrom' kurz ‚ADHS', dessen Argumentationsfiguren so einleuchtend wie nichtssagend sind, das nicht ‚geheilt' werden kann, das aber nichtsdestoweniger von einem Kinder- und Jugendpsychiater festgestellt werden muss, damit ein Kind Hilfe von Kinder- und Jungendhilfeeinrichtungen erhalten kann. Und obwohl ADHS, von dem wir nicht so genau wissen, was es ist, nicht geheilt werden kann, treten die einzelnen Einrichtungen mit einem hohen Engagement dann eben dafür an, werden zu verlängerten Armen der Kinder- und Jugendpsychiatrie, zu ‚Richter-Helfern' und versichern dem politischen System, diese Kinder möglichst schnell wieder in ‚die Gesellschaft', die es gar nicht gibt, zu integrieren, was sie gar nicht können.

Kreis um Kreis ziehen wir um unseren Ausgangspunkt: Stigmatisierende Zuschreibungen, die wir mit ‚verhaltensauffällig' und ‚psychisch gestört' gebündelt haben. Wir können jetzt darin ein Dialogangebot sehen, das selbst ein

Macht-Diskurs ist; die Aussagen unserer Dialoge sind der disziplinierenden Normalisierungsmacht unterworfen. Das ‚Wissen' unserer Institutionen wird durch sie geschichtet, sie lässt uns im Rahmen und Namen von Organisationen die Position des ‚feststellenden Profis' einnehmen und ‚die Normalität' so zu einer Maxime machen.

Die Psychodiagnosen, mit denen unsere Kinder konfrontiert sind, sind so mächtige Aussagen, weil so viele, ja geradezu x-beliebige Individuen ihre Subjektstelle in unserer Gesellschaft einnehmen; sie sind gewaltige ‚Mannigfaltigkeiten' und haben eine riesige ‚Streuung'. Denn es ist nicht unüblich, dass Profis Diagnosen über Kinder stellen, die sie nur einmal, eben dazu, sehen – das verstehe ich unter einem x-beliebigen Individuum. Und obwohl die von einem Profi gestellte Diagnose von einem anderen häufig nicht geglaubt, abgewandelt und revidiert wird, findet in der Regel kein Rückbezug mit der Person statt, die sie zunächst gestellt hat. Vergleichbares gilt für Eltern, die dann eben den/die GutachterIn wechseln. Das nenne ich eine mächtige Aussage – sie steht so sehr für sich, dass eine Auseinandersetzung mit dem, der sie tätigt, gar nicht in Betracht gezogen wird, eben weil diese Person so austauschbar ist. Es kommt nicht darauf an, wer etwas sagt, sondern nur was gesagt wird und dass es gesagt wird.

Einseitig gestellte professionelle Diagnosen, das Ideal der guten Kindheit, die Ausgabe des Ziels ‚Integration' können wir jetzt als Spielarten der Normalisierungsmacht bereifen. Aber wie verhält sich ‚annehmbar-Sein' zu dem Problem der Normalität? Und was ist mit der doppelten Adressierung und dem Ziel der Kommunikationsfähigkeit?

Was die vorgestellte Perspektive hin zu einer Annehmbarkeit davor bewahren kann von der Normalisierungsmacht infiziert zu werden ist genau die doppelte Adressierung, insbesondere die Bereitschaft zur Identitätsarbeit der HelferInnen. Warum? Weil wir uns auch eine Variante des annehmbar-Seins vorstellen können, die dadurch zustande kommt, dass die Kinder beginnen, das professionelle Diagnosedialogangebot zu akzeptieren, die Etiketten für sich zu übernehmen und dann anfangen von sich selbst als ‚gestört' zu sprechen. Wenn sie die Verweigerung des Dialogs, das Störverhalten aufgeben über den Weg der Akzeptanz der eigenen ‚Gestörtheit' und einer darauf folgenden Anpassung, dann atmen die Eltern auf und die Helfer waren erfolgreich.

Es ist eine Frage der Haltung, wie diese Annehmbarkeit bewertet wird. Ich stelle eine Bewertung zur Diskussion, die diese Variante als nicht wünschenswert einschätzt und zwar deshalb, weil sie ein Ensemble von Identitäten, Biografien, Generationsvorstellungen und Exklusionsmechanismen bedient und aufrechterhält, das statt einer Vielfalt an Lebensweisen, eine vereinfachende soziale Ungleichheit befördert.

Wenn die Aussage „Du bist nicht normal und deshalb helfe ich Dir, annehmbar zu werden!" ihre Kraft entfaltet und allseits auf Zustimmung stößt, dann beinhaltet das möglicherweise schon etwas Gutes, nämlich die Abnahme des Leidensdrucks bei den Kindern und ihren Familien. Ich meine aber, dass sich bei dieser Variante die Stigmatisierungen in dem Identitätsprozess entfalten konnten, dass dabei dem Normalisierungsdruck nachgegeben wurde – und König Ubu sich ins Fäustchen lacht. Das betörende Flötenspiel seines ausgeschickten Rattenfängers hat ihm wieder neue Kinder beschert und seine Macht gesichert.

Das Normalisierungsgedudel lockt überall, ein mächtiges Sprachrohr ist dabei die in der Alltagssprache bereits fest verankerte Psychodiagnostik. Es erscheint mir derzeit unumgänglich, die ‚diagnostische Aussage' zu verweigern und an ihre Stelle ein Dialogangebot zu setzen, dessen Ausgang, weil es ‚echt' ist, naturgemäß ungewiss ist. Das allein unterscheidet sich, wie gesagt, zunächst nicht von einem privaten Dialog und ist zwar notwendige Voraussetzung, macht aber noch keine professionelle Hilfe im herkömmlichen Sinne aus. Von ihr können wir aber sprechen, wenn sich zu dem Angebot der gemeinsamen Identitätsarbeit, das des Aufbaus von Kommunikationsfähigkeit gesellt.

Was fängt die Normalisierungsmacht damit an? Auch hier steckt der Teufel im Detail. Denn mit Recht kann man von Kommunikationsfähigkeit sprechen, wenn die Subjektpositionen der ‚fetten' Aussagen in unserer Gesellschaft spielend eingenommen werden können. Und diese Aussagen treffen zu können heißt adressierbar zu sein. Eine potentielle Adresse für gesellschaftliche Funktionssysteme zu werden ist auch in dem von uns ausgegebenen Ziel der Kommunikationsfähigkeit beinhaltet. Das reicht bei unserer Variante aber nicht aus, sie ist um eine ganze und meines Erachtens die entscheidende Dimension komplexer.

Wir haben gesagt, Kommunikationsfähigkeit dient dazu eine Sprache zu finden. Wesentlich dabei ist, Sprache so nutzen zu können, dass annehmbare Dialoge entstehen. Dazu braucht es Kommunikationsfähigkeit und die Bereitschaft, sich auf Dialog, sprich Identitätsarbeit einzulassen. Aber ‚Sprache' ist kein Selbstzweck, weshalb wir an dieser Stelle nicht mehr umhin kommen, das ‚Sein' wieder in den Blick zu nehmen. Denn Identitätsdialoge allein ‚begründen' die Lebensgefühle annehmbar-Sein oder unannehmbar-Sein nicht. Die Kommunikationsfähigkeit, die wir benötigen, um uns annehmbar zu fühlen, bezieht sich nicht nur auf das Führen von Dialogen. Es ist wichtig für das eigene Lebensgefühl, inwieweit man/frau an gesellschaftlichen Diskursen teilnehmen kann. Aber ist es nicht gleichermaßen entscheidend für das Gefühl annehmbar zu sein, ob wir die Möglichkeit haben auszudrücken, was wir fühlen, ob man/frau ‚für sich' eine ‚Sprache' findet?

4.3 Relational leben – Utopie und Auftrag

Begeben wir uns in das Spannungsfeld von Sprache und Sein. Ich habe mich gefragt: Wie kann es sein, dass ich an der ‚Wahrheit des Normalen' zweifle? Ich lebe doch in der gleichen historischen Zeit, mir steht die gleiche Wissensschicht zur Verfügung, aus der die Vorstellung über ‚normale Kinder' stammt und ich bin in die Kräfteverhältnisse eingewoben, die die aktuellen Grenzen festlegen. Was lässt mich Grenzen nicht sehen und das Wahre im Sinne des Wissens anzweifeln?

Diese Frage bringt uns zurück zu unserem ‚Schattendasein', zu einer Kraft, die mit Worten nur unzureichend erfasst werden kann, die aber stark genug ist, um jenseits der etablierten Kräfteverhältnisse zu (über)leben und von dort aus ihre Wirkung zu entfalten. Es geht um eine ‚Dimension', die uns etwas anderes ‚wissen' lässt. Es geht um eine Kraft, die – weil sie etwas anderes weiß – in den Widerstand gehen kann; eine Kraft, aus der sich das ‚eigensinnige' Lebensgefühl der Kinder speist, die ihnen sagt, „Nein, ich bin nicht gestört.", die ihnen ein Gefühl dafür gibt, dass stigmatisierende Zuschreibungen nicht akzeptiert werden sollen. Es ist etwas neben der Identität, das ‚kommuniziert' werden will: Unsere Psyche.

Die Psyche ist ein ‚anderer Raum', der eine Heimat bieten kann, wenn sie in der geltenden Ordnung nicht gefunden wird. Ihr stehen die ungesagten, aber sagbaren Äußerungen und die nicht gezeichneten, aber entwerfbaren Bilder, die Utopien zur Verfügung. Sie weiß etwas ‚Anderes', unabhängig davon, ob es im Identitätsdialog tatsächlich vorkommt oder nicht. Sie hat eine eigene, vielleicht als schattenhaft und ‚unwirklich' zu bezeichnende Helligkeit und sieht eigene Bilder, die sozial inexistent sein können. Der Psyche steht ein nicht-diskursives ‚Wissen' zur Verfügung, in dem Sinne, dass sie wissen kann, dass sie etwas weiß, aber möglicherweise nicht sagen kann, was sie weiß.

Wie könnte es gehen, dem ‚psychischen Sagbaren' eine Sprache zu geben? Foucault würde vielleicht sagen, indem wir auf der ‚ozeanischen Linie des Außen' surfen – was für ein Bild! Schauen wir uns diese Linie genauer an, um von ihr aus die Hilfemöglichkeit, die wir mit dem Ziel Kommunikationsfähigkeit benannt haben, auszuloten.

Kommen wir zurück auf Foucaults Idee über das ‚Außen' des Wissens. Erinnern wir uns an die Hilfestellung von Deleuze zum Verständnis von Foucault: Er ist ein ‚Denker des Außen'. Wenn er also von diesem Außen spricht, dann tut er das nicht, indem er das Wissen ‚innen' und von ihm aus ‚nach außen' denkt. Foucault betrachtet die mobilen Kräfteverhältnisse, die Machtdiagramme nicht als ‚außerhalb des Wissens', sondern er versteht sie als ‚das Andere', das Ungeformte. Er versteht sie als Bewegung, die beide Schichten des Wissens, das Sag-

und das Sichtbare erst ‚einander äußerlich' macht. Das Außen ist ein ‚Diagramm'; es ist ein ‚Raum' nur im Sinne eines Raumes für Veränderung, eines instabilen Raumes.

Wo führt der hin? Etwas verschlungen, aber doch, dieser Raum führt zu unserem Ziel, der Kommunikationsfähigkeit, von der ich glaube, dass sie ein ‚fassbares' Element dessen ist, was für mich als übergeordnetes Ziel am Horizont steht: Das Denken. Denken setzt eine Kommunikationsfähigkeit voraus, die sowohl ‚mitreden' (können) als auch ‚eine eigene Sprache' finden beinhaltet. Und Denken ist etwas anderes als Wissen: Das Wissen formiert sich, es ist formbar, Denken aber ist eine Bewegung, eben eine Bewegung des Außen.

Deleuze (1992, 121) schreibt:

„Wenn Sehen und Sprechen Formen der Äußerlichkeit sind, so richtet sich das Denken auf ein Außen, das keine weitere Form besitzt. Denken heißt ins Nicht-Geschichtete gelangen. Sehen ist Denken, Sprechen ist Denken, das Denken jedoch vollzieht sich im Zwischenraum, in der Disjunktion von Sehen und Sprechen."

Wir haben schon gehört, dass die Macht dem Außen entstammt. Sie fällt aber nicht mit ihm zusammen, sondern die Bewegung des Außen bringt (neue) Machtverhältnisse hervor. Das heißt aber auch: Es ist dieses Außen das eine Öffnung für die Zukunft bereithält.

Ein Machtdiagramm beinhaltet zum einen Beziehungen, Verbindungen, die wir als ‚Macht' im engeren Sinne bezeichnen können und zum anderen beinhaltet es Knotenpunkte. Die Knotenpunkte nennt Foucault auch ‚Singularitäten' und er entwirft sie als Punkte des Widerstands. Diese nicht in die Machtverhältnisse verstrickten, eben dadurch ‚singulären' Punkte, sind für ihn zentral. Denn obwohl sie singulär und außen sind, wirken sie ihrerseits auf die Schichten des Wissens ein,

„in der Weise jedoch, dass sie einen Wandel ermöglichen. Mehr noch, das letzte Wort der Macht lautet, dass der Widerstand primär ist, in dem Maße, in dem die Kräfteverhältnisse ganz ins Diagramm eingebunden sind, während die Widerstände notwendigerweise in direkter Beziehung zum Außen stehen, von dem die Diagramme ihren Ausgang genommen haben. So dass das soziale Feld Widerstand leistet, bevor es sich nach Strategien organisiert, und das Denken des Außen somit ein Denken des Widerstands ist." (ebd, 125)

Die Frage, wie wir aber etwas von diesem Außen wissen können, da es doch gerade kein Wissen ist und wie wir dementsprechend ‚wissentlich' Veränderungen vorantreiben können, beantwortet Foucault mit einer weiteren Dimension, die er ‚Subjektivierung' nennt. Diese Dimension beschreibt die Beziehung zu sich, er spricht von einem „Sich-durch-sich-affizieren", von der „umgefalteten Kraft", die gleichursprünglich ist wie die Achsen ‚Wissen' und ‚Macht'. Subjektivierung ist eine Hinwendung zur eigenen Person im Sinne einer Anwendung der Kraft auf sich, was beinhaltet, dass ‚Subjektwerdung' ein Kraftaufwand und keine Selbstverständlichkeit ist. Was wir für die Identität festgestellt haben und bezüglich der Macht verstanden haben, gilt auch für die Subjektivität: Der Bezug zu sich ist ein Prozess, ihn gibt es nur ‚im Vollzug'. Diese auf sich gerichtete Kraft lässt so etwas wie ein ‚Innen' entstehen, das sich Foucault eben als eine ‚Faltung des Außen' vorstellt und insofern keine klare Trennung zwischen innen und außen zulässt.

Für das Denken ist kennzeichnend: Es gehört zum Außen und vertieft gleichzeitig das Innen. Hören wir dazu noch einmal Deleuze (ebd, 167):

> „Diese Selbstaffektion, diese Umwandlung des Fernen und des Nahen wird mehr und mehr an Bedeutung gewinnen, indem es einen Raum des Innen konstituiert, der über die Linie der Faltung ganz und gar kopräsent sein wird zum Raum des Außen. Das problematische Ungedachte macht einem denkenden Sein Platz, das sich selbst als ethisches Subjekt problematisiert. (..) Denken heißt falten, das Außen in ein koextensives Innen verdoppeln".

Der Bezug zu sich ist nicht unabhängig von den Macht- und Wissensverhältnissen und wir können übersetzen: Das eigene Lebensgefühl entsteht in einem Wechselspiel mit den von gesellschaftlichen Machtverhältnissen durchdrungenen Identitätsdialogen.

Diese Dimension, die Foucault mit der Subjektivierung entwirft, nenne ich Psyche. Während wir uns auf ihre Spur begeben, versuchen wir aus der Utopie einen Auftrag herauszulösen, dessen Konturen wir uns mit der Annehmbarkeit gezeichnet haben und dessen Ziel wir als Kommunikationsfähigkeit benannt haben.

Ziehen wir noch einen weiteren Kreis um das Stören der Kinder. Bis jetzt haben wir zum Entstehungshintergrund des Störens lediglich angenommen, dass es seinerseits eine Wirkung von gestörten Dialogen mit den primären Bezugspersonen sein könnte. Wenn wir uns jetzt der Psyche zuwenden, werden wir sehen, dass das ‚Lebensgefühl des unannehmbar-Seins' dem psychischen Prozess entstammt.

Wir haben im ersten Kapitel gesagt, dass der psychische Prozess die Dialogarbeit/die Identität nahe legt. Wie aber können wir uns dieses ‚Nahelegen' vorstellen? Was ist ‚die Sprache der Psyche', wie drückt sie sich aus, wie vermittelt sich ihr Sein? Wir haben von der Psyche als einem leiblich-sinnlichen Differenzierungsprozess gesprochen und haben sie als als Interaktivität entworfen, deren Entfaltung die Relationalität ist, die wir im psychischen Feld der Einheit verortet haben. Weil wir sie jetzt mit der Bewegung des Außen in Verbindung bringen können, sehen wir eine weitere ‚Ausdrucksebene', nämlich die des Denkens. Ergänzen wir deshalb: Psyche ist ein leiblich-sinnlich-denkender Prozess.

Das ‚psychische Feld', wie es Mitchell mit Loewald vorgeschlagen hat, erhält jetzt eine neue Bedeutung. Dort haben wir die Idee von einem psychischen Feld der Einheit kennen gelernt und die Vorstellung, dass sich die psychische Struktur nicht aus einem ‚Nichts', sondern aus einem ‚Alles' zu einem ‚Etwas' entwickelt. Mit Foucault denken wir das psychische Feld jetzt nicht mehr als ‚Einheit', sondern als ‚bewegten Raum'. Als Diagramm der Vielfältigkeit, der Widersprüche, der Parallelität von entgegen gesetzten Wegen und Kehrtwendungen, als ein sensibles Kräftefeld ohne Mittelpunkt, ohne Anfang und Ende. So dass wir deshalb von der Psyche auch nicht mehr als Differenzierungs , sondern als Verbindungsprozess sprechen. Nennen wir die Psyche eine ‚Zwischenlichkeit': Sagen wir, dass sie nicht ‚in' uns ist, in dem Sinn, dass sie eine menschliche Verbundenheit, eine ‚Äußerung' ist, aber auch nicht außerhalb von uns, weil sie es ist, die uns zu einem menschlichen Wesen macht.

Sie ist gleichermaßen diffus, hybrid, paradox und absurd, wie sie eine klare Linie, eine gebündelte Kraft, eine Eindeutigkeit sein kann, denn eines ihrer faszinierendsten Merkmale ist die Plastizität. Psyche ist eine Relation, sie ist eine Ausstrahlung, eine Wirkung, die ihre eigene Ursache ist, auch sie erfahren wir als Gleichzeitigkeit von An- und Abwesenheit. Aber sie ist anders als das Wissen nicht sagbar und nicht sichtbar. Ihre Fähigkeit lässt sie uns je nach Situation mehr leiblich, sinnlich oder denkend erfahren, immer aber ist sie eine ‚Fühlung', als die sie uns ein Lebensgefühl vermittelt und unsere Fühler ausstrecken lässt.

Wenn wir jetzt also unsere Möglichkeiten zu helfen prüfen, dürfen wir

„keine linearen Botschaften, keine handlichen Parolen erwarten. Statt dessen (..) eine Welt mit vielen Gesichtern. Das, was wir von ihr jeweils wahrnehmen, lässt immer schon ahnen, dass sie auch noch ganz anders ist". (Schachtner, 1993, 14)

Wir wollen ‚Hilfe für störende Kinder' bieten. Wir verstehen das Stören der Kinder jetzt auch als Macht des Widerstandes, als Verweigerung des Wissens, das die Normalisierungsmacht konstituiert. Der Normalisierungsdruck und die dabei produzierten Stigmatisierungen sind gewaltsam, aber auch eine Psyche im Widerstand kann Gewalt verbreiten. Auch sie hat ein destruktives Potenzial, das sich in radikalem, gewalttätigem Widerstand, in aktiver politisierter Exklusion oder in selbstzerstörerischen Akten äußern kann. Nicht nur den Leidensdruck zu nehmen, sondern auch das zu verhindern, ist Teil des grundsätzlichen Ziels des sozialen Systems, des Anspruchs hilfreich zu sein. Um diesen anspruchsvollen Zielen näher kommen zu können, reicht es nicht, die Kommunikationsfähigkeit auf den sprachlichen Dialogmechanismus des Identitätsprozesses zu beschränken, sondern wir müssen die ,Sprache der Psyche' mit berücksichtigen.

Zäumen wir dazu das Hilfepferd von vorne auf: Wir gehen aus von einer Vorstellung von Hilfe, die sich zum einen auf den individuellen Leidensdruck bezieht, die dem einzelnen Menschen helfen möchte und zum anderen auf einen kollektiven Leidensdruck, der in der Angst vor Terror und Krieg besteht. Hilfe bedeutet in diesem Sinne eine Bezugnahme auf konkrete Mitmenschen, aber auch auf die Welt, in der wir leben. Das klingt komplex, ist es auch, ich glaube aber nicht, dass Hilfe jemals einfacher war, die Frage ist nur, ob die Komplexität berücksichtigt wird oder ob man sich unhinterfragt an die Subjektposition von vorhandenen Aussagen begibt, die nicht weniger Welt und Identität gleichzeitig erschaffen, nur dass wir darüber nicht nachgedacht haben. Hilfe schafft eine Ordnung. Weil wir das annehmen, fragen wir nach den Ordnungen, in denen wir leben und erlauben uns die Utopie, uns auch zu fragen, in welchen wir gerne leben würden.

Was wenn wir HelferInnen uns nicht nur als Profis, sondern im Sinne der doppelten Adressierung auch mit unserer eigenen psychischen Fühlung auf unsere KlientInnen einlassen? Wenn wir uns im Hilfeprozess den Bewegungen, der Plastizität unserer Psyche, die unsere eigenen Widersprüche und Verrücktheiten beinhaltet, genauso zuwenden, wie unseren KlientInnen? Ist es nicht schon deshalb notwendig, den eigenen psychischen Bewegung Platz im Hilfeprozess zu geben, um überhaupt ein Gefühl dafür entwickeln zu können, wie wir miteinander leben wollen, auf welche Welt hin, für welche Ordnung wir also Hilfe leisten und leisten wollen.

Was können wir Menschen anbieten, die nicht in der Lage sind, annehmbare Dialoge zu führen, die der Kraft und Bewegung ihrer Psyche ausgeliefert sind? Was ermöglicht ihnen ein annehmbares Lebensgefühl, was lässt sie einen eigenen Lebenssinn entwickeln?

Brüche im Dialog prozessieren eine Unannehmbarkeit, die wir jetzt als Identitätsausdruck einer Psyche verstehen, die sich im Widerstand befindet, die nicht oder schlecht in die Beziehungen des psychischen Feldes eingebunden ist. Können wir unseren KlientInnen eine Hilfe anbieten, die ihnen eine Sprache für Brüche gibt und die ihnen ermöglicht, diese zu kitten, oder besser, die entstandenen Distanzen sprachlich zu überwinden? Wie können wir HelferInnen unsere Kraft so zum Einsatz bringen, dass sie sowohl beim Gegenüber ankommt als auch uns nicht erschöpft?

Lassen Sie uns eine Variante ausmalen, die wir ,relational leben' nennen könnten, weil wir uns in den Beziehungen zu unseren KlientInnen nicht auflösen, nicht ,dahinter' verschwinden, sondern Verbindungen knüpfen.

‚Relational leben' hieße zuallererst die Distanzen der eigenen Identität zu durchwandern und die eigene psychische Beweglichkeit zu erkunden. Es beinhaltet, die Wissensschwelle, die die Humanwissenschaften aufwerfen, zu durchdringen und sich dem von der Normalisierungsmacht aktualisierten Wahren als Problem zu stellen. Um daran anschließend, dem nicht-Sichtbaren, aber Sehbaren ins Auge zu sehen und dem nicht-Gesagten, aber Sagbaren seine Stimme zu leihen; mit einem Wort: Die Wahrheitsprozedur auf sich selbst anzuwenden. HelferInnen verbergen sich nicht, weil sie wissen, dass ihre Identität genauso zentral im Hilfeprozess ist wie die ihrer KlientInnen, sie wollen miteinander Lachen über die ‚Wirklichkeit', statt vor ihrem Anblick zu verstummen, weil sie glauben, dass es kein Geheimnis gibt.

Relational leben heißt auch, dem anderen die gleiche Bewegung und Beweglichkeit zuzugestehen, was gelegentlich als ‚Zumutung' empfunden werden kann, aber HelferInnen übernehmen eine Verantwortung, die beinhaltet, dem Recht auf Differenz Geltung zu verschaffen. Sie treten an für

> „ein Infragestellen und Aufweichen von dichotomen Kategorien und den damit einher gehenden starren Identitätsvorstellungen. Dabei werden die bisherigen Begriffe nicht [Anmerkung: notwendigerweise] aufgegeben, ihnen jedoch ihre Selbstverständlichkeit genommen". (Hartmann, 2006, 243)

Ein Vorgang, den Jacques Derrida entwickelt und den er ‚Dekonstruktion' genannt hat.

Was, wenn wir eine Dezentralisierung vorantrieben und entgrenzende Lebensbewegungen förderten? Wir sehen nicht nur die Verlustseite einer riskanten kindlichen Biografie, sondern auch den potentiellen Gewinn, der in der Überwindung des gewaltsamen Dualismus ‚normal vs. gestört Sein' und in der alternativen Biografisierung vielfältiger und hybrider Lebensgeschichten besteht. Wir validieren das Lebensgefühl der Kinder ‚anders' zu sein nicht indem wir ihnen eine Störung zuschreiben, wir verzichten auf das vom Normalisierungsdruck gebildete ExpertInnenwissen, sondern indem wir den Protest in ihrer Identitätsarbeit ernst nehmen, indem wir die Widerstandskraft der Kinder dahingehend affizieren, dass diese statt eine ‚perfekte Scheinnarration' zu produzieren, in die Lage kommen, eine intensive, selbsttätige Biografiearbeit leisten zu können.

Was, wenn wir mit unseren KlientInnen auf der ‚ozeanischen Linie des Außen' surfen würden und dabei Verantwortung übernähmen? Wir sehen unsere Verantwortung nicht darin, Kinder irgendwohin zu integrieren, sondern wir glauben vielmehr an die Kraft der Kommunikationsfähigkeit und des Denkens, über die Kinder sich selbst zu Adressen derjenigen Teilsysteme machen können, in die sie inkludiert sein wollen. Wir unterstützen Kinder dabei, eine Sprache für ihre Identität und eine Lebensbewegung für ihre Psyche zu finden. Wenn wir entgrenzende Bewegungen fördern, meint das nicht grenzenlos alles zu akzeptieren, sondern einen Umgang zu finden, mit den in unserer Gesellschaft vorzufindenden Grenzen, den Dualismen. Wir finden das verantwortungsvoll, weil wir glauben,

> „dass vereinfachende und vereindeutigende Strategien im Umgang mit Kindern und Jugendlichen nicht nur deren Vermögen zur Wahrnehmung komplexer Zusammenhänge (nicht zuletzt in Bezug auf sich selbst) behindern, sondern darüber hinaus einen entpolitisierenden Effekt haben". (Rendtorff, 2006, 93)

Was, wenn wir uns aus dem Schutz, den eine soziale Einrichtung bietet die Freiheit ableiten würden, Wahres anzuzweifeln und die Grenzen, die die Normalisierungsmacht zieht, nicht als erste Handlungsmaxime auszugeben? Weil hier ein Missbrauchspotenzial schlummert, betone ich, dass wir das mit einem hohen Verantwortungsgefühl tun. Wir verlassen zwar die erwachsenenzentrierte Asymmetrie, aber nicht indem wir so tun als wären wir Kinder, sondern indem wir eine Verbindung anbieten.

Relational leben bedeutet, sich dem eigenen Kind-Erwachsenen-Kontinuum gewahr werden, der Besonderheit in dem Verhältnis von Kindern und Erwachsenen, die darin besteht, dass wir Kinder gewesen sind und Erwachsene sein werden und gleichzeitig noch Kinder sind und immer schon erwachsener sind als wir es waren; das heißt nicht ‚ewiges-Kind' sein, sondern mit den Menschen, die wir Kinder nennen, in eine derartige Beziehung eintreten, dass diese Lust darauf entwickeln zu ‚erwachsen' und eine diesbezügliche Orientierung anzubieten, einen Ort zu entwerfen, zu dem man Heimat sagen könnte.

Relationale Generationsbeziehungen zu leben beinhaltet keine Gleichmacherei, aber eben auch kein Auseinanderdividieren, es bringt durchaus Machtdemonstration von Erwachsenen und Machtspiele von Kindern mit sich, die notwendig sind, um miteinander einen Umgang mit der eigenen Kraft und mit Macht entwickeln zu können.

Relational leben heißt, miteinander reden und gemeinsam etwas sehen, statt übereinander reden und fern-sehen, es bedeutet gerade nicht das Gleiche sehen und darüber reden, den Dialog darüber zu ‚überreden'. Relational leben heißt sich der Zwischenlichkeit, die wir sind und die unsere Welt ist, zuwenden. Das verstehe ich unter ‚Surfen an der ozeanischen Linie'.

Schauen wir uns von hier aus an, wie unsere tägliche Arbeit dabei aussehen könnte. Wir haben uns eine veränderte Verknüpfung der Leitdifferenz des sozialen Systems gewünscht und vorgeschlagen, dass wir Hilfe für gestörte Dialogprozesse anbieten, anstatt für ‚gestörte Menschen'. Dementsprechend könnten wir uns in Einrichtungen organisieren, die ‚Kommunikationshilfen' anbieten, in eigenen Räumen und über das Aufsuchen von den Räumen, in denen ein gestörter Dialogprozess stattfindet. Angefragt werden könnten wir von jedem und bezahlt werden wir ebenso von jedem, nämlich von der Gemeinschaft, die sich uns leistet. Sie leistet sich uns gerne, weil sie, dadurch dass jeder jederzeit selbst erleben kann, wie wir arbeiten, weiß, was wir bieten können. Deshalb beschränkt sich unsere Schreibarbeit, die jetzt zu einem Großteil stattfindet, um unsere ‚Leistungen' zu dokumentieren auch auf ein Maß, das für den Hilfeprozess selbst sinnvoll ist. Die Finanzierung läuft nicht über die Anzahl der Hilfeprozesse und das würde auch niemand als notwendig erachten, weil wir, wann immer keine Hilfe angefragt wird, auf eine andere Weise für die Gemeinschaft arbeiten würden, die sie sich ebenfalls gerne leistet: Indem wir untereinander Verbindungen herstellen.

Die gegenseitige Vernetzung würde uns zum einen als schulenübergreifende Weiterbildung bezüglich Kommunikationshilfen und als Intervision für die Identitätsarbeit als HelferInnen dienen und damit unseren aktuellen und potentiellen KlientInnen aufgrund unserer ‚flächendeckend' guten Qualifizierung.

Eine Vernetzung untereinander ermöglicht zum anderen aber auch, Bewegungen und Veränderungen, die das kollektive Zusammenleben betreffen, zu reflektieren, auszuarbeiten entgegen- oder voranzutreiben. Mein Eindruck ist, dass viele von uns die Erfahrung des unannehmbar-Seins kennen und sie produktiv genutzt haben, viele von uns also die Kraft des Widerstand besitzen, die, wie wir von Foucault hörten, die Umwälzung der Diagramme und damit des Wissens einleitet, die also veränderungsleitend und zukunftsgerichtet ist, wenn wir sie so und gemeinsam einsetzen.

Dieser zweite Arbeitsbereich beinhaltet damit ausdrücklich eine Hilfearbeit, die sich auf kollektive Sorgen bezieht, ein Bereich, den wir bis jetzt unausgesprochen und unreflektiert mitbedienen und zwar in dem nicht wünschenswerten Sinne der Identifizierung und Normalisierung von störenden und damit potentiell ‚die Gemeinschaft gefährdenden Individuen'. Über diese derzeitige, ‚ausschließende Inklusion' befördern wir einen Drift von ‚in' und ‚out'. Dadurch werden Gruppen von Menschen radikalisiert und weil sie aus dem Blickfeld geschoben werden und dadurch auch ihr Blickwinkel abhanden kommt, verstellen wir uns einen gemeinsamen Dialogprozess. Weil der Blick der Menschen im ‚out' deshalb aber nicht weg ist, nicht im ‚off' verschwindet, kann er im Nacken gespürt werden; Angst entsteht, eine ‚tückische' Angst, ausgelöst durch einseitige Zuschreibungen und ebenso aufrecht erhalten, weil dabei nicht mehr gesehen werden kann, wovor man Angst hat.

Das gilt aber nicht für Menschen aus dem sozialen System, wir bewegen uns mit unseren KlientInnen in ‚out-Dialogen', in ‚out-Räumen'. Auf unsere Augen treffen die ‚ausgesonderten Blicke', wir sehen die Bewegungen der Menschen, die der Nährboden für Terrorphantasien, für die abschottenden Ängste sind. Deshalb könnte die Gemeinschaft von uns profitieren, auch diejenigen, die nie unsere Kommunikationshilfe in Anspruch nehmen, weil wir ImpulsgeberInnen, KommunikationsbündlerInnen sein könnten für gemeinsame gesellschaftliche Veränderungen.

Soziale Einrichtungen wären dann Kommunikationsstätten, Orte der Verbindung, der Differenzen, Vergangenheits- und Zukunftsschmieden. Die komplexe Auftragslage würde uns beweglich machen. Wir wären Kommunikations-, VerbindungsexpertInnen statt Diagnostikprofis und würden individuelle Hilfe im Sinne der doppelten Adressierung anbieten und kollektive Sorgen aufgreifen, im Sinne des Anregens von Diskussionen über gesellschaftliche Ungleichheiten und Möglichkeiten diese miteinander umzugestalten.

Derzeit kommen wir vor lauter Feststellen, wer jetzt genau wie gestört ist, gerade dazu, uns über unsere Feststellungen und über die Arbeit mit den KlientInnen auszutauschen, aber viel zu wenig dazu, miteinander zu arbeiten und Veränderungsideen auch realisierbar zu machen. Das ist auch nicht im Sinne der Normalisierungsmacht, die uns davon ab- und mit immer neuen Diagnose- und Verschriftlichungsprozessen auf Trab hält.

Wenn wir uns über die doppelte Adressierung an unsere KlientInnen wenden, arbeiten wir zumindest dem Auseinanderdriften von ‚innen‘ und ‚außen‘ entgegen; wir versuchten Menschen, die Gefahr laufen den Anschluss zu verlieren, einen Zugang zu und eine Nutzung von ihrer Relationalität zu verschaffen und uns so auf eine „Ontologie des Bezogenseins“, wie Gergen sie visioniert hat, hin zu bewegen.

Ein relationales Leben, Bezogen-Sein, hat nichts mit einer ‚Einheitsphantasie‘ zu tun, wir werden uns nicht alle miteinander verbinden und uns gegenseitig mögen. Weil wir mit Foucault glauben, dass Zukunft über Widerstand entsteht, würde dies auch Stillstand bedeuten, das Erlahmen unserer Lebensbewegungen. Dass die Gefahr dazu nicht groß ist, erleben wir ständig: Die für ein friedliches Zusammenleben aufzubringende Verbindungskraft ist immer wieder ‚erschöpfend‘.

Für uns HelferInnen liegt eine Quelle der Erschöpfung darin, dass wir uns in der grotesken Situation befinden, nach Vorgaben und Aufträgen zu arbeiten, die unter dem Normalisierungsdruck entstanden sind und weder zu erfüllen, noch an unseren psychischen Bewegungen ausgerichtet sind. Soziale Einrichtungen haben einen ‚gesellschaftlichen Auftrag‘, Menschen in eine von der Normalisierungsmacht vorgegebene Richtung zu ‚formen‘. Eine vorab festgelegte ‚gelungene Identitätsentwicklung‘ ist, wie wir gesehen haben, aber ein nicht zu erfüllendes und auch kein erstrebenswertes Ziel und weil die Psyche keine Struktur, sondern eine Kraft ist, können wir uns dabei auch nur an den psychischen Bewegungen vorbeibewegen.

Das beinhaltet für mich die Notwendigkeit, einen Umgang zu finden mit diesem Dilemma und sich daraus ableitenden Ambivalenzen. Sosehr wir das relationale Leben gerade als Utopie entworfen haben, sosehr ist es gleichzeitig bereits die tägliche Herausforderung an HelferInnen. Denn auch wenn wir der Relationalität unseres gemeinsamen Lebens noch zu wenig Tribut zollen, ist doch unbestreitbar, dass wir gemeinsam leben.

Und weil uns dieses geteilte Leben jenseits einer Utopie manchmal genug Kraft abverlangt, lassen sie uns zum Schluss noch einmal spielen, gedanklich, mit den Konzepten Identität und Psyche.

5   Von Identitäten, die keinen Sinn machen

eulen

bist eulen
ja
bin eulen
ja ja
sehr eulen

bist auch eulen
ja
bin auch eulen
sehr eulen
ja ja

will aber nicht mehr länger eulen sein
bin schon zu lange eulen gewesen

will auch nicht mehr eulen sein
bin auch schon zu lange eulen gewesen

ja
mit dir da
mit dir da auch
bin nicht mehr eulen ja
bin nicht mehr eulen auch
ja ja
ja ja auch

doch wer einmal eulen war
der wird eulen bleiben immer
ja

ja ja   (Ernst Jandl)

Macht dieses Gedicht von Ernst Jandl für Sie Sinn? Für mich macht es einen höchst vergnüglichen Sinn, einen Un-Sinn.

Ich habe nach dem Stören der Kinder gefragt, ihre Identitätsarbeit als Kampf für eine andere Bedeutung bezeichnet und gesagt, dass die Störnamen, die den Kindern gegeben werden, nicht unmöglich sind, aber ,sinnlos'. Nehmen wir diese zuvor liegen gelassene Spindel zur Hand, spinnen wir. Lassen wir anstatt der Biografie unsere Gedanken am Schnürchen laufen, rhythmisch hin- und her hüpfen zwischen Identität und Psyche, Sinn und Unsinn.

Dazu führen wir uns zunächst Ausschnitte aus der komplexen ,Logik des Sinns' von Gilles Deleuze zu Gemüte. Seinem Blick zu folgen ist (Identitäts-)Arbeit, dafür ist es anschließend umso erhellender, ihn mit dem Phänomen Identität quer zu denken. Ich sage das vorweg, weil manche der folgenden Sätze ihre Bedeutung nicht sofort frei geben. Der Sinn dieses Kapitels ereignet sich, wenn die Sätze ihre Wirkung im Verlauf entfalten dürfen. Und damit sind wir schon mitten drin.

5.1 Die Deleuzesche Logik des Sinns

Mit Foucault haben wir über den Dualismus, die Wesensdifferenz von Sag- und Sichtbarem nachgedacht und auch jetzt geht es um die Frage nach dem Zusammenhang von Wörtern und Dingen, denn Deleuze (ebd, 24) schreibt: „Alles ereignet sich an der Grenze zwischen den Dingen und den Sätzen". Zu dieser Aussage kommt er, indem er das ,sich ereignen', die Ereignisse, analysiert.

Er greift dabei auf eine Dualität zurück, wie sie die Stoiker eingeführt haben: Sie unterscheiden zwischen ,Körpern/Dingen' und ,unkörperlichen Ereignissen'. Deleuze versteht ein Ereignis, in Anlehnung an die Stoiker, als ein ,Werden', als eine ,Wirkung', die an den Dingen stattfindet.

Die Dinge selbst sind der Raum, ihre ,Zeit' ist die Gegenwart, die er mit ,Chronos' benennt. Die Dinge sind ,Ur-sachen'. Die Ereignisse hingegen sind ,reines Werden', ihre Zeit ist das unbegrenzte Kontinuum Vergangenheit–Zukunft, genannt ,Äon', sie sind ,Wirkungen'. Beide hängen zusammen: Denn die Wirkung eines Ereignisses entfaltet sich als Effekt an einem Ding/Körper, an seiner Oberfläche. Ein Ereignis ist somit eine ,Oberflächenwirkung'.

Das besondere aber ist, dass Ereignisse, sich zugleich auf Körper/Dinge beziehen und als Sprache vollziehen. Im Gegensatz zu Dingen, die wir sehen, aber nicht sagen können, sind Ereignisse durch Sätze ausdrückbar. Insofern stellen Ereignisse die Grenze zwischen den Dingen und den Sätzen dar.

Knöpfen wir uns einen Strang nach dem anderen dieses dichten Deleuzschen Flechtwerks vor, weil wir darüber die besondere Stellung, die er dem Sinn zuschreibt, verstehen können: Er sagt, der Sinn ist eine ‚Grenzlinie'.

Der Sinn kann so selbst als Ereignis verstanden werden, aber er ist nicht zu reduzieren auf das Ereignis, das sich in den Dingzuständen verwirklicht, denn er ereignet sich gleichzeitig auch in den Sätzen. Der Sinn vermischt sich weder mit dem Ding, noch mit dem Satz, er entsteht genau an der Grenze, als diese Grenze.

„Der Sinn ist das Ausdrückbare des Satzes und untrennbar damit das Attribut des Dingzustandes. Eine Seite wendet er den Dingen zu, eine andere dem Satz." (ebd, 41)

Das, was von den Dingen sagbar ist, sind die ihnen widerfahrenden Ereignisse und umgekehrt drücken Sätze Ereignisse aus, die Dinge/Körper betreffen. Denken wir an Foucault: Wir können nicht sagen, was wir sehen, wir sagen, was wir sagen. Fügen wir hinzu: Weil es sich ereignet.

Sich ereignen ist ‚werden', insofern ‚verzeitlichen' Ereignisse die räumlich existierenden Körper und Dingzustände, die an sich nur die Gegenwart ‚kennen'. Die Ereignisse versehen die Körper mit Vergangenheit und Zukunft, vielleicht könnte man sagen, sie ‚bewirken', dass Dinge ‚passieren'. Was passiert, ist der Sinn der Dinge und auszudrücken, was passiert, ist gleichzeitig auch der Sinn der Sätze. Der Sinn eines Satzes ist deshalb nicht ‚im Satz' zu finden und ebenso wenig der Sinn eines Dings ‚im Ding', der Sinn besteht oder besser er verläuft in der Differenz dieser beiden Seiten, er ist dieses ‚Grenzphänomen'.

Darin ist auch der wesentliche Unterschied zwischen dem Sinn und der Bedeutung eines Satzes zu sehen. Die Bedeutung liegt im Satz, sie ist eine der drei von Deleuze aufgeschlüsselten Dimensionen des Satzes selbst. Weil wir von ‚nicht-akzeptierbaren Bedeutungen', die den Kindern in den Dialogen angeboten werden, gesprochen haben, schauen wir uns das kurz an.

Die erste Dimension eines Satzes ist die so genannte ‚Bezeichnung', sie verweist auf die Repräsentationsbeziehung zwischen dem Satz und dem Dingzustand; sie kann ‚wahr' oder ‚falsch' sein. Siehe: „Dieser Sessel ist ein alter, mit grünem Leder bezogener Sessel." Die zweite Dimension beschreibt die Beziehung zwischen dem Satz und dem sprechenden Subjekt, genannt ‚Manifestation'. Hierbei, in beispielsweise dem Satz „Ich würde Ihnen diesen grünen Sessel gerne anbieten..', spielt die Unterscheidung in ‚wahrhaftig' und ‚täuschend' eine Rolle. Bleibt als drittes die ‚Bedeutung', die sich aus der Beziehung der Worte zu den allgemeinen Begriffen ergibt. Der Satz „Ich sitze grün auf dem angebotenen Sessel!" kann das illustrieren: Auch er kann ‚wahr' sein, das Gegenteil ist aber nicht eine ‚falsche', sondern eine ‚absurde' Bedeutung. Wie absurd die angebotene Bedeutung ‚gestört' ist, haben wir uns angesehen.

Kommen wir wieder zum Sinn: Er ist sozusagen die vierte Dimension des Satzes. Deleuze sagt, der Sinn hat etwas ‚Unbedingtes' und das ist so, weil er als Grenze selbst Bedingung ist. Wenn wir wieder Foucault dazu denken, könnten wir sagen, dass der Sinn eine ‚problematisierte Wahrheit' ist, dass der Sinn das ‚Wahre' als Problem aufwirft, eben weil er sich als Grenzbewegung zwischen den Dingen und den Sätzen ereignet und damit beide bedingt.

Die Begriffe Sinn und Bedeutung werden in der Alltagssprache gelegentlich verwechselt und das aus einem besonderen Grund: Die Bedeutung übernimmt innerhalb der Sprache eine Eigenschaft vom Sinn. Auch sie bedingt und zwar die anderen beiden Dimensionen des Satzes. Sie ist vorrangig im Satz und das deshalb, weil der Sinn bei seiner Entfaltung gleichzeitig die Bedeutungsbedingungen festlegt; er also mitbedingt, was bezeichnet werden kann und was der ‚gesunde Menschenverstand' (die Subjektposition) sagt.

Der Unterschied zwischen Sinn und Bedeutung ist aber gravierend: Die Bedeutung kann im Satz erschlossen werden und kann deshalb auch einseitig festgelegt werden; wer hingegen Sinn erobern will, kann dies nur als „Doppelsinn der Oberfläche" (ebd, 27), indem er/sie entlang der Oberfläche zwischen den Sätzen und den Dingen ‚gleitet'. Der Sinn bedarf dieser ‚Zwischenbewegung', weil er ist weder in der ‚Tiefenstruktur der Dinge', noch in der ‚Höhe der Sprache' aufzufinden ist. Er ist ‚nicht zu fassen'.

Deshalb schlägt uns Deleuze vor, den Sinn ‚paradox' zu verstehen, als „nicht existierende Entität" (ebd, 13). Er bezieht sich dabei wieder auf die Stoiker und benutzt das Paradoxon als ‚dialektisches Verfahren', als „Serie von Fragesätzen, die dem Werden entsprechend mittels sukzessiver Hinzufügung und Abzüge " (ebd, 24) funktioniert, um dem Sinn auf die Spur zu kommen.

Bei diesem paradoxen, Sinn erzeugenden Verfahren kommt der ‚Unsinn' ins Spiel. Er spielt dabei nicht irgendeine, sondern die zentrale Rolle, denn Deleuze bietet uns an, den Sinn über seine spezifische Beziehung zum Unsinn zu begreifen.

Den Unsinn selbst bezeichnet er als ‚paradoxe Instanz', als ‚paradoxes Element'. Der Unsinn ist ein ‚blitzeschnell, langsam um die runde Ecke Biegendes'. Was hat es mit dieser paradoxen Instanz auf sich? Deleuzes Antwort ist umwerfend. Er sagt: Die Funktion des Unsinns ist es, Sinn zu erzeugen. Bevor wir uns das genauer ansehen, bündeln wir noch einmal:

Bis jetzt haben wir gehört, dass sich der Sinn an der Grenze zwischen den Dingen und den Sätzen verwirklicht. Er ist die ‚Artikulation der Differenz' zwischen den beiden Seiten der Dualität: Ding /Satz. Die Dualität spiegelt sich auf beiden Seiten der Sinn-Grenze wider. Das heißt, zu einem Ding gehört sowohl seine physische Qualität als auch die Qualität bezeichnet zu werden und zu einem Satz gehören sowohl die Bezeichnungen, die Substantive, die sich auf die Dinge beziehen als auch die Verben, die die Ereignisse ausdrücken.

Wir haben des Weiteren gehört, dass der Sinn ‚unbedingt' ist, was bedeutet, er muss sich selbst entwickeln und das tut er laut Deleuze in einer Serie von Paradoxa. Bei dieser seriellen Sinnentwicklung kommt dem ‚paradoxen Element Unsinn' eine besondere Bedeutung zu: Es erzeugt Sinn.

Wie können wir uns das vorstellen? Mit Hilfe des „*Paradox der Regression oder der unbegrenzten Wucherung*" (ebd, 48) macht uns Deleuze den Entstehungsprozess von Sinn durch Unsinn verständlich. Dieses wichtigste und deshalb auch das einzige aus der Serie von Paradoxa, die Deleuze untersucht, das wir uns ansehen, bezeichnet eine Verschiebung, die kribbelig machen kann, wenn man sie verfolgt. Es bedeutet, dass der Sinn immer schon vor dem Satz da ist, ich also nie den Sinn des Satzes sage, den ich gerade sage, aber den Sinn des Satzes, den ich gerade gesagt habe, zum Inhalt des Satzes machen kann, den ich jetzt gerade sage.

> „Der Sinn ist gleichsam die Sphäre, in die ich bereits eingeführt bin, um die möglichen Bezeichnungen vorzunehmen und selbst noch die entsprechenden Bedingungen zu denken. Der Sinn ist immer vorausgesetzt, sobald *ich* zu reden beginne; ohne diese Voraussetzung könnte ich gar nicht beginnen." (ebd, 48)

Sich dem Sinn zuwenden heißt, sich in eine endlose Kette des Voraussetzens zu begeben. Das Ich, das sprechende Subjekt verfügt nicht über die Möglichkeit, Sinn zu ‚sagen', weil der sich in der Sprache als Ganzes niederlässt. Sprache ist wiedum nur ein Glied der Sinn-Dualität, das andere sind die Dinge. Die beiden aufeinander bezogenen Glieder des Sinns sind immer zueinander ‚verschoben'. Diese Verschiebung ergibt sich aus dem Paradox der Regression oder unbegrenzten Wucherung.

Wir können uns ein Zick-Zack-Muster vorstellen: Die Verschiebung entsteht aus der Ungleichzeitigkeit der Sätze und der Dinge, auf die dieselben Sätze verwiesen sind. Sie ergibt sich aus dem serielles aufeinander-verwiesen-Sein von Sätzen und Dingen; sie ist gemeint, wenn Deleuze von dem ‚Verfahren der sukzessiven Hinzufügungen und Abzüge' spricht.

Durch die Verschiebung entsteht ein Ungleichgewicht, auf das es in jeder Hinsicht ankommt: Es ist der Motor für die Sinn-Bewegung, es ist produktiv und bedeutet Genese. Die beiden aufeinander verweisenden Seiten des Sinns befinden sich im Ungleichgewicht. Das Ungleichgewicht selbst aber ist das ‚paradoxe Element': Es hat zwei Seiten, die zusammengefügt eben kein Ganzes ergeben, sondern das, was Deleuze als ‚Unsinn' bezeichnet.

Dieser Unsinn ist wirklich paradox und er ist Unsinn, gerade weil er das gleiche ist, was er bezeichnet. Sinn entsteht durch das Ungleichgewicht von Wort und Ding. Gerade weil der Unsinn nicht verschoben ist, sondern mit sich gleich, weil er eins ist mit dem Wort Unsinn, er auf nichts anderes verweist oder verwiesen ist, ist er Unsinn. ‚Spirala-ping' ist Unsinn und gleichzeitig ein Wort das keinen Sinn hat, ein Wort also, das den Unsinn bezeichnet. Dem Unsinn fehlt der Sinn, man könnte sagen, er ist ständig im Minus und genau dieses Fehlen, dieser sukzessive Abzug, produziert das Plus, den Überschuss auf der anderen Seite, den Sinn.

Dem paradoxen Element Unsinn fehlt die andere Seite, die beim Sinn in Bezug auf den Satz das Ding ist und umgekehrt – obwohl es zwei Seiten hat. Die beiden Seiten des Unsinns aber entstehen, wie bei einem Spiegel, indem er gleichzeitig das Verwiesene und das Verweisende produziert. Wir können uns den Unsinn auch wie eine Nadel vorstellen, die ein Zick-Zack sticht: Die Nadel hat nichts gemeinsam mit dem Zick-Zack-Muster, aber indem sie den Faden führt, der in unserem Bild der Sinn ist, fügt sie zwei Seiten so zusammen, dass etwas entsteht. So gesehen, ist es das Paradox, das weil es sich dem Sinn entgegenstellt oder um in unserem Bild zu bleiben, ihn mit sich zieht, diesen produziert und darüber unsere Welt herstellt.

Das Paradox widerspricht dem ‚gesunden Menschenverstand' und dem ‚Gemeinsinn', es ist ‚unsinnig', aber nicht ‚sinnlos'; im Gegenteil, seine Kraft, seine Macht besteht darin uns darauf zu verweisen, dass der Sinn nicht feststeht, er nicht zu ‚haben' und deshalb eine ‚nicht existierende Entität' ist.

Der Sinn ist ein Problem, das weiß jede/r, aber Deleuze macht uns klar, warum: Weil er nur als Problem existiert, deshalb schlägt er vor ihn ‚?-sein' zu schreiben. Sinn ‚ist' nicht, sondern er ist hergestellt, ein Effekt, er ist neutral gegenüber Bejahung und Verneinung, er ist das Problem selbst.

Betrachten wir den Unsinn als Frage und den Sinn als Problem, so können wir unser Sein, unsere Welt als Antwort begreifen, die aber immer auch ganz anders ausfallen könnte. Wir können den Sinn nicht ‚entdecken', sondern wir erreichen ihn, indem wir ihn produzieren, als Grenze, an der Oberfläche, die Konturen zieht. Dem Sinn fehlt es nicht an Tiefe und Höhe, sondern Tiefe und Höhe mangelt es an der jeweils anderen Seite des Sinns. Die Höhe allein wäre ‚hochtrabend' und die Tiefe allein würde ‚zu Grund gehen', verlören sie ihren gegenseitigen Bezug.

Weil aber in dieser Lesart der Sinn eine Oberflächenbewegung ist, ein Stellungseffekt, besteht etwas ‚Unvereinbares' nicht zwischen scheinbar unvereinbaren Ereignissen – der Sinn kann immer so und auch anders werden – sondern zwischen den Menschen und den Welten, in denen sich die Ereignisse verwirklichen. Das sinnvolle am Unsinn ist seine Kraft, uns unsere Relativität, Relationalität und auch Filigranität zu vergegenwärtigen, die dadurch immer schon gegeben ist, dass „der Sinn selbst eine Brüchigkeit aufweist, die ihn in den Unsinn umkippen lassen kann" (ebd, 155).

In der Deleuzschen Logik ist der Sinn ein Oberflächeneffekt nicht im Sinne eines Scheins, sondern im Sinne einer Wirkung an der Oberfläche, die die Grenze zwischen den Dingen und den Sätzen bildet; er ist die Haut, die für beide Dimensionen der Dualität bedingend ist, für beide gleichzeitig die Grenze darstellt. Die gesamte Haut, die ganze Oberfläche ist alles Werden und Gewordensein, die unbegrenzte Vergangenheit und Zukunft: ,Äon'. Der Sinn ist im Gegensatz zu dem bei Foucault kennen gelernten ,Wissen' infinitiv, er ereignet sich ständig. Das Wissen ist abgeschlossen, begrenzt, nicht aber der Sinn. Er zirkuliert, so dass zu einem Zeitpunkt ,Gewusstes', später einen anderen Sinn haben kann, als zuvor.

Dementsprechend schlägt Deleuze vor, ,Zeit', statt sie in Vergangenheit, Gegenwart und Zukunft dreizuteilen, nur auf zwei Arten zu lesen: Als ,Äon', unbegrenzte Gleichzeitigkeit von Vergangenheit und Zukunft und als stets begrenzte Gegenwart, ,Chronos'. Beide denkt er auf ihre Art unendlich, Äon in einer fließenden Bewegung und Chronos in einer nicht endenden Taktung, einer zyklischen Ablösung der immer jetzt stattfindenden Gegenwart. Diese Lesart der Zeit hat mich zu einigen Formulierungen im Epilog angeregt.

(Jetzt) Hängen (wir) Sinn und Identität zusammen.

5.2 Ein Zusammenhang zwischen Sinn und Identität

Was haben wir von Deleuze über den Sinn gehört? Er ereignet sich zwischen den räumlich existierenden, ,tiefen' Körpern und den ,in der Höhe schwebenden' Sätzen, als Grenzbewegung. Er ist ein Effekt, eine Wirkung an der ,Oberfläche', weil er die Differenz zwischen den Dingen und den Sätzen artikuliert. Deswegen bezeichnet Deleuze ihn auch als nicht existierende Entität. Sinn unterscheidet sich von ,Bedeutung', denn diese ist ,im' Satz zu finden, kann aus Sätzen geschlossen werden. Der Sinn wird von einer paradoxen Instanz, dem Unsinn herausgefordert. Die paradoxe Sinnentwicklung über den Unsinn beinhaltet, dass man in die Sphäre des Sinns immer schon eingeführt ist und man Sinn nicht sagen, wohl aber über ihn reden kann. Sinn offenbart sich uns als Problem, wir können ihn nicht entdecken, sondern wir erreichen ihn indem wir ihn produzieren, er ist infinitiv. Und er weist eine Brüchigkeit auf, die zu seinem Wesen gehört, weil er durch den Unsinn bewegt wird, in den er kippen kann.

Vergleichen wir Sinn mit dem Phänomen Identität und schauen uns an, was sich aus diesem Vergleich für unannehmbare Identitäten folgen lässt.

Auch über die Identität haben wir gesagt, dass sie ein Grenzphänomen ist, dass sie unterschiedliche Grenzgebiete aufwirft. Wir haben Identität als Dialogprozess definiert, als relationalen Prozess, der sich über die Frage „Welche Dialoge führen wir über mich?" auf eine konkrete Person bezieht. Wir können Identität jetzt als Ereignis begreifen, dass sich als Dialog an einer Person entfaltet, als Oberfläche, die die Person begrenzt, indem ihre Identität ausgesagt wird. Unsere Identitäten ereignen sich zwischen unseren räumlich existierenden Körpern und den Sätzen über uns.

Wir haben Identität als distantes Phänomen bezeichnet und können hinzufügen, dass sie Distanzen herstellt, indem sie Differenzen artikuliert.

Auch die Identität ist eine nicht existierende Entität, wir können sie nicht haben, während sie gleichzeitig passiert. Herausgefordert wird der Identitätsprozess von dem psychischen Prozess, beide sind wechselseitig aufeinander verwiesen. Eine menschliche Identität ist ohne Psyche nicht vorstellbar, wir haben gesagt, sie emergiert aus Psyche, ist aber nicht einseitig bedingt von ihr, sondern stellt einen eigenen sprachlichen Prozess dar. Sobald wir ‚als ein Ich' sprechen, ist die Sphäre der Identität schon vorausgesetzt. Sobald wir Dialoge über mich führen, ist das schon meine Identität, wir können zwar meine Identität nicht sagen, wohl aber über sie sprechen. Sie ist keine endgültig zu erreichende Instanz ‚in uns', sondern wir erobern sie als Identitätsarbeit, ein Leben lang.

Identität kann zu einer extremen Herausforderung werden, wenn der Identitätsprozess nicht ‚läuft', nicht ‚funktioniert'. Das war der Ausgangspunkt dieses Buches: Die Brüche im Identitätsdialog, die ein unannehmbares Lebensgefühl prozessieren. Der Identitätsdialog hat eine grundsätzliche Brüchigkeit, er birgt das Risiko zu misslingen, abzureißen, abgebrochen zu werden, wenn er nicht ‚zu führen' ist. Dann sind wir alleine unserem psychischen Prozess überlassen – wie bei dem Sinn, der in Unsinn kippen kann. Der psychische Prozess kann aber ohne die Kontur verleihende Identitätsoberfläche keinen Halt bieten. Wir fühlen uns unannehmbar, kriegen uns selbst nicht zu fassen und nicht in den Griff. Wenn die Grenzen ziehende Identitätsarbeit abbricht, können wir von der Psyche, die eine Kraft, eine Bewegung ist, mitgerissen werden.

Identität und Sinn sind beide gleichzeitig das Gesagte und das Sagbare über eine Person. Was eine Person sprachlich über sich ausdrücken kann, was über sie gesagt werden kann, worüber man sich unterhalten kann, ist ihre Identität.

Und was folgt daraus für Identitäten, die über Personen ausgesagt, aber von diesen Personen nicht angenommen werden? Es sind Identitäten, die keinen Sinn haben. Sie sind wirklich sinnlos – aber sie bedeuten etwas.

Im Falle der störenden Kinder bedeuten sie ‚Gestörtheit', Anormalität, aber das heißt keineswegs, dass die Kinder, um deren Identität es geht, gestört oder anormal sind. Es ist die Identität selbst, die anormal ist. Sie gebärdet sich wie ein

‚normaler Identitätsprozess', sie gibt vor ein Grenzprozess zu sein. Das ist sie aber nicht, sie ist kein relationaler dialogischer Prozess, sondern ausschließlich ein sprachlicher Vorgang. Eine unannehmbare Identität ereignet sich gerade nicht zwischenmenschlich, sondern einseitig, sie ist kein ‚echter Dialog', sondern sie ist eine ‚Bedeutung', die, wie es das Merkmal von Bedeutungen ist, im Satz allein zu finden ist. Ein einseitig dominierter Identitätsdialog, der damit eigentlich ein Identitätsmonolog ist, grenzt aus, aber er ist im Gegensatz zu einem gemeinsamen Identitätsprozess kein Grenzphänomen. Es wird eine fremde Haut über einen Körper gespannt, so wird die Person betrachtet und dann gesagt, „Das bist Du!". Diese Haut aber passt nicht, sie ist wie ein Zaun, der eine Begegnung verhindert. Einseitige Bedeutungen, Stigmatisierungen, sagen mehr über diejenigen aus, die sie zuschreiben und über die ‚Umzäunungsmechanismen' einer Gesellschaft, als über die Personen, die davon betroffen sind, denn die ist dahinter verborgen.

Ein Inhalt, der unabhängig von Personen aus Dialogen geschlossen werden kann, der sich aus Klassifikationssätzen ableitet, ist kein Identitätsprozess, macht eben keinen ‚Sinn' in der Deleuzschen Logik, sondern schafft Bedeutung. Eine so hergestellte Identität ist eine bedeutungsvolle sprachliche Machtdemonstration. Dass die dabei produzierte Bedeutung auch innerhalb der Sprache als ‚absurd' einzustufen ist, weil sie eben nicht auf einen Sinn verweist, weil sie nicht ‚wahr' ist und trotzdem ausgesprochen wird, zeigt einmal mehr, was für eine gewaltige Macht die Aussagen von Diagnosen in unserer Gesellschaft haben. Sie wirken, obwohl sie nur ein ‚Schein' sind und eben keine Oberfläche bieten, keine Haut ‚verkörpern', sondern einen Körper ‚verhängen'.

Unannehmbare Identitäten sind Zuschreibungs- und Stigmatisierungseffekte, es sind die einzigen Identitäten, die man wiederum nur ‚haben' kann, wie man eine Krankheit hat, sie ‚passieren einem'. Aber sie entbehren jeden Sinn. Satt dessen kann man sie ‚wissen' und genau das werden sie auch, von ExpertInnen für normative Entwicklungen.

Identität ist kein Wissen, sie ist eine (Eigen)Tätigkeit. Nicht verhandelbare Fremdzuschreibungen stellen deshalb zwangsläufig Identitäten her, die keinen Sinn haben, leblose ‚Bedeutungshülsen'. Dennoch können sie die Dialoge dominieren, man kann jemanden unannehmbar machen. Aber warum sollte ich das wollen?

Wir können die Brüche im Identitätsprozess, die ob der grundsätzlichen Brüchigkeit der Identität ‚so leicht passiert' sind, als Rückzug in die ‚Höhe der Sprache' verstehen. Gehüllt in einen Mantel aus eloquenten, pseudoempathischen Sätzen, produziert Sprache soziale Ungerechtigkeit. Bei mir lösen die so hergestellten unannehmbaren Identitäten Irritationen aus, die zu verstehen ich mich mit diesem Buch aufgemacht habe. Am Ende dieses Nachdenkens erscheint

es mir sinnvoll, jede Bedeutung, die nicht zur Verhandlung steht, als Sinnlosig-
keit zu betrachten.

Epilog: „Ene mene miste, es rappelt in der Kiste.."

..ene mene mü,
es ist König Ubu,
ene mene meck
und der sagt, Du musst weg!

Identität muss verhandelbar sein, um Sinn machen zu können. Anders verhält es sich mit Gedichten, wie dem von Jandl, oder mit Kinderabzählreimen. Man kann nicht darüber verhandeln und sie machen trotzdem Sinn – und Unsinn.

Und auch die Kinder ‚machen Unsinn‘, getrieben von ihrer Kraft. Beobachten wir, was sie da tun, öffnen wir unseren Blick für die Poesie dieser Kinder, die uns Zutritt gibt zu dem Wunderland, in dem wir leben. Unter meinem Tisch ist noch ein Plätzchen frei, setzen wir uns dazu und lassen es für einem Augenblick unsere gemeinsame Heimat sein. Begeben wir uns auf Tuchfühlung, konstruieren wir, ‚machen wir es wirklich‘.

Schauen wir uns an, warum die Choreografie gestörter Dialoge so absurd ist und das Stören der Kinder auch fasziniert. Begeben wir uns dazu in einen ‚bewegten Raum‘. Nähern wir uns an, indem wir ‚empfinden‘ und nicht ‚verstehen‘, lachen wir, anstatt zu wissen: So wie sich Identität und Sinn vergleichen lassen, sehe ich einen Zusammenhang zwischen Psyche und Unsinn.

Wie der Unsinn ist auch die Psyche ein ‚paradoxes Element‘. Sie ist eine ‚Zwischenlichkeit‘ und auch sie hat zwei Seiten, die kein Ganzes ergeben. Auch für sie passt das Bild des Spiegels: Sie produziert gleichzeitig das Verwiesene und das Verweisende, sich und das psychische Feld. Psyche ist relational, ist ‚zwischen‘ oder ‚halb‘; gleichzeitig ‚inner-halb‘ und ‚außer-halb‘.

Neben dem Unsinn widerspricht, besser: widersetzt, sich auch die Psyche im Zweifelsfall dem ‚gesunden Menschenverstand‘ und dem ‚Gemeinsinn‘. Wir haben den Unsinn als Frage betrachtet, den Sinn als Problem und unser Sein als Antwort. Sagen wir analog dazu, dass die Psyche die Frage „Wer bin ich?" selbst ist, zu der sich die Identität nicht als Antwort, sondern als Problem, als Herausforderung gesellt, auf die es im sprachlichen Sinne gar keine Antwort gibt. Unser Leben ist die Be-Antwortung, ereignet sich als Ver-Antwortung, die wir übernehmen. Wenn wir unser Sein als Antwort verstehen, dann als eine, die selbst

Suchbewegung im Sinne des Fühler-Ausstreckens ist, deren ‚Innenhälfte' sich als Lebensgefühl ‚äußert'.

In diesem Lichte ist die Idee, eine Diagnose könnte eine Antwort geben auf die Frage „Was hat mein Kind?" zum Lachen komisch. Es ist das Kind, das die Antwort gibt, mit seiner Lebensbewegung! Wie würde es wohl aussehen, sich anfühlen, wenn die Kinder sich breitschlagen ließen, Bedeutungen für sich zu übernehmen, von denen wir zwar wissen, was sie bedeuten, die aber keinen Sinn haben. Das ist wie eine Aufforderung, einer untanzbaren Choreografie zu folgen, einen Takt zu tanzen, den es nicht gibt. Oder anderes betrachtet, ist es eine Aufforderung zur Simulation von Normalität. Ist das nicht absonderlich, die Kinder sollen nicht ‚werden', sondern ‚Etwas werden', sie werden ‚festgestellt', ‚zu' geschrieben.

Ich (identi)tät sie und mich gern nicht festlegen. Bringen Feststellungen nicht eine Unbeweglichkeit bei den Feststellenden mit sich? Ihre Hyper-Aktivität gegen unsere Fest-Stellung?

Ich empfinde eine Rhythmik im Stören der Kinder: Der (Sinn)lose Takt, die Diagnose zuviel, wird mit einem aussetzenden Herzschlag beantwortet, mit einem Leerlauf, einem Durchdrehen, einer unsinnigen Bewegung, einer wahnsinnigen, psychischen Lebensbewegung. Es ist die Bewegung des Abschüttelns einer Identität, die man ‚haben' soll und mit der man deswegen nichts anfangen kann. Die psychische Kraft fordert die eigene unannehmbare Identität heraus.

Wenn wir nichts ‚wissen' würden, nähmen wir vielleicht eine Musik in dem manchmal ohrenbetäubende Lärm der Kinder war? Dann könnten wir mit ihnen ausprobieren, welche Stimmlagen sich einfügen ließen, welche Stimme wir dieser Musik geben könnten. Denn natürlich ist es zunächst nur zum Schreien, wenn einem wie Alice im Wunderland von einem verrückten Hutmacher ein Rätsel aufgegeben wird, das keine Lösung hat. Wohin und wie sich bewegen, wenn die Oberfläche und Haut dazu fehlen, wenn die Grenze, die gebraucht wird, nicht annehmbar ist, wenn die Identitätsarbeit ‚nirgendwohin' führt.

Gut wenn dann eine „Grinsekatze" zur Stelle ist, die man fragen kann:

> „Würdest du mir bitte sagen, wie ich von hier aus weiter gehen soll?" „Das hängt zum großen Teil davon ab, wohin du möchtest", sagte die Katze. „Ach, wohin ist mir eigentlich gleich – ", sagte Alice. „Dann ist es auch egal, wie du weitergehst", sagte die Katze. „ – solange ich nur *irgendwohin* komme", fügte Alice zur Erklärung hinzu. „Das kommst du bestimmt", sagte die Katze, „wenn du nur lange genug weiterläufst." (Caroll, 1973, 67)

Aber was, wenn man stattdessen der „Schwarzen Königin" begegnet, die wenn man ihr erzählt, dass man immer wieder von seinem Weg abgekommen sei, mit einer bösen Gegenfrage reagiert:

„Ich verstehe zwar nicht, was du mit *deinem* Weg meinst", sagte die Königin; „hier gehören alle Wege mir – aber warum bist du denn überhaupt hier herausgelaufen?" fuhr sie etwas freundlicher fort. „Mach einen Knicks während du sprichst. Du sparst Zeit damit." (Caroll, 1974, 36)

Die Stör-Bewegungen sind manchmal abwegig. Die Kinder versuchen das unmögliche Kunststück zu vollbringen, aus dem Unsinn allein einen Sinn zu ziehen, zurückgeworfen auf die eigene psychische Lebensbewegung, ohne annehmbare Dialoge, eine Identität herzustellen. Aber wie soll das funktionieren? Verweigerung allein reicht nicht aus für eine akzeptable Identitätsarbeit. Ohne Zusammen-Spiel bleibt nur ein irritierendes Stören des Spiels und als Perspektive das Risiko einer Störbiografie.

Und wer kennt auf der anderen Seite nicht das jähe Glücksgefühl, wenn der gemeinsame Identitätsprozess selbst-wirksam verläuft, weil man für sich verständlich ist, weil man ‚verstanden' wird, ‚eine Sprache' spricht?

Dieses Lebensgefühl möchte man festhalten. Für störende Kinder kann die ständige Bewegung aber auch tröstlich sein: Es geht vorbei, es geht vorbei, wir ‚werden'. In unserem Psyche-Sein ‚passieren' wir, sie ist unsere Passage auf der Welt, sie bewegt sich – und braucht dafür die Identität, ohne die wir ‚verstrahlt' sind.

Die Psyche verwebt sich, verbindet, verheddert und befreit sich, verknüpft sich in ihrer Beziehungsbewegung. Sie gleitet dahin und dieses Gleiten ist unsere Zeit. Die Bewegung der Psyche ist eine Verbindung zwischen Vergangenheit und Zukunft, sie kann in beide Richtungen ‚gleichzeitig' verlaufen. Ihre Bewegung verläuft in ‚Äon', sie ist ein unendliches Weiter ohne deshalb ‚eine Richtung' zu sein. Die Psyche bewegt sich mal mehr in die Vergangenheit, mal mehr in die Zukunft. Wir können jetzt körperlich hier sitzen und unsere Psyche ist in der Vergangenheit oder in der Zukunft. Allein das ‚Jetzt' ist nicht ihre Zeit. Die Psyche bietet nie eine Antwort auf die Frage „Wer bin ich?", sie fragt und zieht als Frage die Antwort mit sich. Wenn sich die psychische Suchbewegung einstellt, ‚ist' Psyche nicht mehr und weil es dann auch kein Problem, sprich keine Identität mehr gibt, sind wir auch ‚niemand' mehr.

Während die Psyche eine immerwährende Bewegung ist, deren Kontrast das ‚Nie' ist, während ihr Raum das ‚Alles', dessen Ende das ‚Nichts' ist, ist die Identität ständig ‚Jetzt'. Sie ist ein Prozess, aber einer in Form eines Stakato, kein Gleiten, kein bewegter Raum ohne Anfang und Ende, wie die Psyche. Identität ist jetzt, jetzt, jetzt. Sie passiert nicht gleichzeitig in Vergangenheit und Zukunft, sie ist unsere Gegenwart, die immer dichter wird, über immer mehr Schichten verfügt. Während der psychische Prozess mal auf kleiner Flamme köchelt, gart oder schmort, zischt und aufflammt, sich verbrennt, genüsslich schmurgelt, einkocht u.s.w., ist die Identität nie weniger als zuvor, sie ist additiv. Sie vollzieht sich als ‚derselbe' lebenslange Prozess, ihr Raum ist das ‚Etwas', sie bestimmt. Das ‚selbe Sein' der Identität verläuft in ‚Chronos', es ist eine ständige Vorwärtsbewegung aufeinander folgender ‚Jetzts'. Identität ist unser Problem, aber nur in der Gegenwart, eine Zeit, die die Psyche mit ihrer Strahlkraft zwar durchdringt, in der sie sich aber nicht ‚aufhält': Chronos taktet auf Äon, Identität taktet Psyche.

Die Identität unterwirft uns zu ‚Sub-jekten', sie ist unsere ‚Wirklichkeit', sie schichtet die Möglichkeiten, den Konjunktiv des psychischen Seins. Identität ‚verraumzeitlicht' unsere Gegenwart, über sie können wir uns verständigen. Psyche verraumzeitlicht unser ganzes Leben, das wir nicht ‚verstehen', sondern das wir ‚leiblich leben', ‚wahrnehmen' und ‚denken'.

Die Identität zieht wie bei einem Kartenspiel ständig neue Gegenwarten: Herz Dame, Kreuz Bube, Weißer Hase. Die Psyche stellt alle gezogenen und noch ziehbaren Karten bereit, sie ist das ganze Paket und veranlasst die Ziehbewegung, sie prozessiert Identität. Der Identitätsprozess verläuft als Dialog über die gezogenen Karten, während im psychischen Feld die Karten gestaltet und gemischt werden.

Ich bin die, die sagen kann, wer Du bist, insofern mein Dialog mit Dir Teil Deiner intersubjektiven Identitätsarbeit ist und umgekehrt. Aber ich kann nicht wissen, wohin Du Dich dadurch bewegst. Der unsinnige psychische Prozess durchzieht die sinnstiftende Identitätsarbeit, er macht nah und ent-fernt, er lässt uns dis-tanzen.

Weil der psychische Prozess als bewegter Raum, als unsere ‚doppelte Oberfläche' innen und außen verläuft, kann ich ‚in' mir nichts anderes finden als ‚halbe Hinweise' auf die Psyche; leibliche, sinnliche und gedankliche Hinweise: Wie den Atem, Sinneswahrnehmungen oder den Gedankenstrom, alles unwillkürlich und willkürlich zugleich. Diese Hinweise sind mehr ‚durch' mich, als innerhalb oder außerhalb von mir. ‚Ich' bin/ist davon ‚durchzogen'. Alle Hinweise zusammen bilden das ‚andere Wissen' der Psyche, das nicht wie das ‚epochale Wissen' geschichtet und damit sprachlich jederzeit zugänglich ist, sondern das uns ‚fühlen' lässt; ‚Ich' bediene mich/bedient sich dieses ‚fühlbaren psychischen Wissens', das nie wahr oder falsch, sondern einfach ‚so' ist. Dieses Wissen stellt sich uns nicht wie die Identität als Problem, es ist keine Schicht, sondern ein Bewegungsablauf, der beinhaltet, dass ich ‚Ich' sage.

Vergleichen wir das psychische Feld mit dem Machtdiagramm von Foucault, so können wir denken, dass die Psyche eine Macht ist, die sich einmal als soziale Kraft zeigt, indem sie über ‚Verbindungen' unsere Gesellschaft, unsere Welt, wie wir sie vorfinden, formiert. Und zum anderen als persönliche Kraft, entsprechend den Knotenpunkten im Machtdiagramm, als auf sich gewandte Kraft, deren Bewegung ‚Ich' schafft und die uns als Individuen fühlen lässt.

Die Verweigerung der eigenen Identität, das Stören richtet sich auf die hergestellten Verbindungen und schafft Verwirrung darin. Störende Kinder machen deutlich, dass Identität eine Konfliktkategorie ist. In ihrer Störkraft blitzt die pure psychische Bewegung auf, der Unsinn, der den Sinn herausfordert. Sie sind zum Lachen, zum Heulen und zu schützen; was sollen sie anfangen mit Sätzen voll unverständlicher Bedeutungen, wo sie statt dessen unsere ganze Aufmerksamkeit, die Verbindung zu uns brauchen, um sich ihre Psyche mit Hilfe einer annehmbaren Identität vertraut zu machen. Die verbindenden und manchmal ebenso in Bedrängnis bringenden Bewegungen der Psyche wollen erkundet sein – dazu lädt sie uns ein mit der Frage: „Wer bin ich?"

Literaturverzeichnis

Alanen, L./Mayall, B. (Hg.) (2001), Conzeptualizing Child-Adult Relations. New York: RoutledgeFalmer

Alanen, L. (2001), Explorations in general analysis. In: Alanen, L./Mayall, B. (Hg.), Conzeptualizing Child-Adult Relations. New York: RoutledgeFalmer, S. 11-22

Alanen, L. (2001), Childhood as a general condition: children's daily lives in a central Finland town. In: Alanen, L./Mayall, B. (Hg.), Conzeptualizing Child-Adult Relations. New York: RoutledgeFalmer, S. 129-143

Alhcit, P./Dausien, B. (Hg.) (1993), Biographie. Eine problemgeschichtliche Skizze. Universität Bremen

Arendt, H. (1996), Vita activa oder vom tätigen Leben, München: Piper

Baumann, Z. (2002), Dialektik der Ordnung. Die Moderne und der Holocaust. Oxford: Polity Press

Beck, U. (1986), Risikogesellschaft. Auf dem Weg in eine andere Moderne. Frankfurt am Main: Suhrkamp

Beck, U. (1993), Die Erfindung des Politischen. Frankfurt am Main: Suhrkamp

Beck, U./Beck-Gernsheim, E. (1994) (Hg.), Riskante Freiheiten. Individualisierung in modernen Gesellschaften. Frankfurt am Main: Suhrkamp

Beck, U./Vossenkuhl, W./Ziegler, E. (1995), Eigenes Leben. Ausflüge in die unbekannte Gesellschaft, in der wir leben. München: Beck

Behnken, I./Zinnecker, J. (2001), Die Lebensgeschichte der Kinder und die Kindheit in der Lebensgeschichte. In: Behnken, I./Zinnecker, J. (Hg.), Kinder.Kindheit.Lebensgeschichte. Ein Handbuch. Seelze-Velber: Kallmeyersche Verlagsbuchhandlung, S. 16-32

Benhabib, S/Butler, J/Cornell, D/Fraser, N (1995), Der Streit um Differenz. Feminismus und Postmoderne in der Gegenwart. Frankfurt am Main: Fischer

Benjamin, J. (1994), Die Fesseln der Liebe. Psychoanalyse, Feminismus und das Problem der Macht. Frankfurt am Main: Fischer

Benjamin, J. (1995) (Hg.), Unbestimmte Grenzen. Beiträge zur Psychoanalyse der Geschlechter. Frankfurt am Main: Fischer

Benjamin, J. (1996), Phantasie und Geschlecht. Psychoanalytische Studien über Idealisierung, Anerkennung und Differenz. Frankfurt am Main: Fischer

Beyer, C. (2006), Subjektivität Intersubjektivität Personalität. Berlin: de Gruyter

Bilden, H. (1997), Das Individuum – ein dynamisches System vielfältiger Teilselbste. Zur Pluralität in Individuum und Gesellschaft. In: Keupp, H./Höfer, R. (Hg.), Identitätsarbeit heute. Klassische und aktuelle Perspektiven der Identitätsforschung. Frankfurt am Main: Suhrkamp, S. 227-249

Bilden, H. (1998), Jenseits des Identitätsdenkens. Psychologische Konzepte zum Verständnis „postmoderner" Subjektivitäten. In: Verhaltenstherapie und psychosoziale Praxis, 30 (1), S. 5-31

Bilden, H./Dausien, B. (Hg.) (2006), Sozialisation und Geschlecht. Theoretische und methodologische Aspekte. Opladen: Leske + Budrich

Bilden, H. (2006), Sozialisation in der Dynamik von Geschlechter- und anderen Verhältnissen. In: Bilden, H./Dausien, B. (Hg.), Sozialisation und Geschlecht. Theoretische und methodologische Aspekte. Opladen: Leske + Budrich, S. 45-70

Blumenberg, H. (1997), Ein mögliches Selbstverständnis. Stuttgart: Reclam

Bohleber, W. (1997), Zur Bedeutung der neueren Säuglingsforschung für die psychoanalytische Theorie der Identität. In: Keupp, H./Höfer, R. (Hg.), Identitätsarbeit heute. Klassische und aktuelle Perspektiven der Identitätsforschung. Frankfurt am Main: Suhrkamp, S. 93-119

Bohleber, W. (1999), Psychoanalyse, Adoleszenz und das Problem der Identität. Psyche. Zeitschrift für Psychoanalyse und ihre Anwendungen. 53. Jg. 6. Heft. Stuttgart: Klett-Cotta, S. 507-528

Bohleber, W./Drews, S. (Hg.) (2001), Die Gegenwart der Psychoanalyse – die Psychoanalyse der Gegenwart. Stuttgart: Klett-Cotta

Bollas, C. (1997), Der Schatten des Objekts. Stuttgart: Klett-Cotta

Böhnisch, L./Lenz, K. (Hg.) (1997), Familien. Eine interdisziplinäre Einführung. Weinheim/München: Juventa

Butler, J. (1990), Das Unbehagen der Geschlechter. Frankfurt am Main: Suhrkamp

Butler, J. (1993), Körper von Gewicht. Berlin: Berlin Verlag

Butler, J. (1993), Kontingente Grundlagen: Der Feminismus und die Frage der „Postmoderne". In: Benhabib, S./Butler, J./Cornell, D./Fraser, N. (Hg.), Der Streit um Differenz. Feminismus und Postmoderne in der Gegenwart. Frankfurt am Main: Fischer, S. 31-58

Büchner, P. (1996), Das Kind als Schüler oder Schülerin. Über die gesellschaftliche Wahrnehmung der Kindheit als Schulkindheit und damit verbundene Forschungsprobleme. In: Zeiher, H./Büchner, P./Zinnecker, J. (Hg), Kinder als Außenseiter. Umbrüche in der gesellschaftlichen Wahrnehmung von Kindern und Kindheit. Weinheim und München: Juventa, S. 157-187

Büchner, P. (2002), Kindheit und Familie. In: Krüger, H.-H./Grunert, C. (Hg.), Handbuch Kindheits- und Jugendforschung. Opladen: Leske + Budrich, S. 475-496

Bürgisser, M./Baumgarten, D. (2006), Kinder in unterschiedlichen Familienformen. Zürich/Chur: Rügger

Caroll, L. (1973), Alice im Wunderland. Frankfurt am Main: Insel Verlag

Caroll, L. (1974), Alice hinter den Spiegeln. Frankfurt am Main: Insel Verlag

Casper, V. (2004), Sense of coherence – Die Kraft der Gruppe. Münster: LIT

Chodorow, N. (1989), Feminism and Psychoanalytic Theory. Yale: University Press

Dausien, B. (2006), Geschlechterverhältnisse und ihre Subjekte. Zum Diskurs um Sozialisation und Geschlecht. In: Bilden, H./Dausien, B. (Hg.), Sozialisation und Geschlecht. Theoretische und methodologische Aspekte. Opladen: Leske + Budrich, S. 17-44

Deleuze, G. (1992), Foucault. Frankfurt am Main: Suhrkamp

Deleuze, G. (1993), Logik des Sinns. Aesthetica. Frankfurt am Main: Suhrkamp
Deleuze, G. (1993), Unterhandlungen 1972 – 1990. Frankfurt am Main: Suhrkamp
Deleuze, G. (2000), Kritik und Klinik. Aesthetica. Frankfurt am Main: Suhrkamp
Ecarius, J. (2001), Familie als Ort der Tradierung und des Wandels von Kindheitsmustern. In: Behnken, I./Zinnecker, J. (Hg.), Kinder.Kindheit.Lebensgeschichte. Ein Handbuch. Seelze-Velber: Kallmeyersche Verlagsbuchhandlung, S. 774-788
Eggen, B. (1994), Familie der Gesellschaft. Kontinuität im Wandel. Ludwigsburg/Berlin: Verlag Wissenschaft und Praxis
Engelbert, A./Herlth, A. (2002), Sozialökologische Ansätze. In: Krüger, H.-H./Grunert, C. (Hg.), Handbuch Kindheits- und Jugendforschung. Opladen: Leske + Budrich, S. 99-116
Erikson (1975), Dimensionen einer neuen Identität. Frankfurt am Main: Suhrkamp
Erikson, E. H. (1992), Kindheit und Gesellschaft. Stuttgart: Klett-Cotta
Fairbairn, W.R.D. (2000), Das Selbst und die inneren Objektbeziehungen. Eine psychoanalytische Objektbeziehungstheorie. In: Hensel, B./Rehberger, R. (Hg.) Gießen: Psychosozial-Verlag
Farzin, S. (2006), Inklusion, Exklusion. Entwicklungen und Problemlagen einer systemtheoretischen Unterscheidung. Bielefeld: Transcript-Verlag
Flammer, A. (2002), Psychologische Entwicklungstheorien. In: Krüger, H.-H./Grunert, C. (Hg.), Handbuch Kindheits- und Jugendforschung. Opladen: Leske + Budrich, S. 43-64
Freud, S. (2007), Massenpsychologie und Ich-Analyse. Die Zukunft einer Illusion. Frankfurt am Main: Fischer
Foucault, M. (1973), Wahnsinn und Gesellschaft. Frankfurt am Main: Suhrkamp
Foucault, M. (1976), Überwachen und Strafen. Frankfurt am Main: Suhrkamp
Foucault, M. (2005), Analytik der Macht. Frankfurt am Main: Suhrkamp
Foucault, M. (2007), Die Anomalen. Frankfurt am Main: Suhrkamp
Fox Keller, E. (1998), Liebe, Macht und Erkenntnis. Männliche oder weibliche Wissenschaft? Frankfurt am Main: Fischer
Gergen, K. (1990), Die Konstruktion des Selbst im Zeitalter der Postmoderne. In: Psychologische Rundschau, 41, S. 191-199 und S. 208-210
Goethe, J.W. (1998), Gedichte. Stuttgart: Reclam
Geulen, D. (2002), Sozialisationstheoretische Ansätze. In: Krüger, H.-H./Grunert, C. (Hg.), Handbuch Kindheits- und Jugendforschung. Opladen: Leske + Budrich, S. 83-98
Hafeneger, B. (Hg.) (2005), Subjektdiagnosen. Subjekt, Modernisierung und Bildung. Schwalbach: Wochenschau Verlag
Hardt, J./Hoffmann, O. (2006), Kindheit im Wandel – Teil I: Antike bis zur Neuzeit und Teil II: Moderne bis heute. In: Praxis der Kinderpsychologie und Kinderpsychiatrie, 55, S. 271-292
Hartmann, J. (2006), Dynamisiertes Geschlecht. Diskurstheoretische Perspektiven zur Subjektkonstitution entlang der Grenze von Geschlecht, Sexualität und Generation. In: Bilden, H./Dausien, B. (Hg.), Sozialisation und Geschlecht. Theoretische und methodologische Aspekte. Opladen: Leske + Budrich, S. 239-256

Haußer, K. (1997), Identitätsentwicklung – vom Phasenuniversalismus zur Erfahrungsverarbeitung. In: Keupp, H./Höfer, R. (Hg.), Identitätsarbeit heute. Klassische und aktuelle Perspektiven der Identitätsforschung. Frankfurt am Main: Suhrkamp, S. 120-134

Heisterkamp, G. (1991), Freude und Leid frühkindlicher Lebensbewegungen. In: Ahrens, T./Lehmkuhl, U. (Hg.), Entwicklung und Individuation. München/Basel: Reinhardt, S. 24-40

Hensel, B./Scharf, D./Vorspohl, E. (Hg.) (2006), W.R.D. Fairbairns Bedeutung für die moderne Objektbeziehungstheorie. Theoretische und klinische Weiterentwicklungen. Gießen: Psychosozial-Verlag

Hettlage, R. (1998), Familienreport. Eine Lebensform im Umbruch. München: Beck

Hoerning, E./Corsten, M. (Hg.) (1995), Institution und Biografie. Die Ordnung des Lebens. Pfaffenweiler: Centaurus

Honig, M.-S./Leu, H.R./Nissen, U. (Hg.) (1996), Kinder und Kindheit. Soziokulturelle Muster – sozialisationstheoretische Perspektiven. Weinheim und München: Juventa

Honig, M.-S./Leu, H.R./Nissen, U. (1996), Kindheit als Sozialisationsphase und als kulturelles Muster. In: Honig, M.-S./Leu, H.R./Nissen, U. (Hg.), Kinder und Kindheit. Soziokulturelle Muster – sozialisationstheoretische Perspektiven. Weinheim und München: Juventa, S. 9-29

Honig, M.-S. (1999), Entwurf einer Theorie der Kindheit, Frankfurt am Main: Suhrkamp

Honig, M.-S. (2002), Geschichte der Kindheit. In: Krüger, H.-H./Grunert, C. (Hg.), Handbuch Kindheits- und Jugendforschung. Opladen: Leske + Budrich, S. 309-332

Horkheimer, M./Adorno, T. (2008), Dialektik der Aufklärung. Frankfurt am Main: Fischer

Jarry, A. (1996), König Ubu. Stuttgart: Reclam

Kaiser, A./Böhner, C. (Hg.) (2000), Kinder im 21. Jahrhundert. Münster: LIT

Karnac, H. (2007), After Winnicott, Compilation of Works Based on the Life, Writings and Ideas of D.W. Winnicott. London: Karnac

Karsten, M.-E. (1996), Der strukturimmanente „Blick" der Kinder- und Jugendhilfe auf Kinder und Kindheit. In: Zeiher, H./Büchner, P./Zinnecker, J. (Hg), Kinder als Außenseiter. Umbrüche in der gesellschaftlichen Wahrnehmung von Kindern und Kindheit. Weinheim und München: Juventa, S.151-187

Kelle, H. (2006), Sozialisation und Geschlecht in kindheitssoziologischer Perspektive. In: Bilden, H./Dausien, B. (Hg.), Sozialisation und Geschlecht. Theoretische und methodologische Aspekte. Opladen: Leske + Budrich, S. 121-137

Keupp, , H. (Hg.) (1993), Zugänge zum Subjekt. Perspektiven einer reflexiven Sozialpsychologie. Frankfurt am Main: Suhrkamp

Keupp, H. (1995), Lust an der Erkenntnis: der Mensch als soziales Wesen. München: Piper

Keupp, H. (1997), Diskursarena Identität: Lernprozesse in der Identitätsforschung In: Keupp, H./Höfer, R. (Hg.), Identitätsarbeit heute. Klassische und aktuelle Perspektiven der Identitätsforschung. Frankfurt am Main: Suhrkamp, S. 11-39

Keupp, H./Ahbe, T./Gmür, W./Höfer, R./Höfer, R./Mitzscherlich, B./Kraus, W./Straus, F. (1999), Identitätskonstruktionen. Das Patchwork der Identitäten in der Spätmoderne. Reinbeck: Rowohlt

Keupp, H. (2005), Die reflexive Modernisierung von Identitätskonstruktionen: Wie heute Identität geschaffen wird. In: Hafeneger, B. (Hg.), Subjektdiagnosen. Subjekt, Modernisierung und Bildung. Schwalbach: Wochenschau Verlag, S. 60-91

Kilka, D. (2001), Topographie der autobiographisch erinnerten Familienkindheit. In: Behnken, I./Zinnecker, J. (Hg.), Kinder.Kindheit.Lebensgeschichte. Ein Handbuch. Seelze-Velber: Kallmeyersche Verlagsbuchhandlung, S. 758-773

Kleve, H. (2007), Postmoderne Sozialarbeit. Wiesbaden: VS Verlag

Kleve, H. (2007), Ambivalenz, System und Erfolg. Heidelberg: Carl Auer

Kohli, M. (1985), Die Institutionalisierung des Lebenslaufs. Historische Befunde und theoretische Argumente. In: Kölner Zeitschrift für Soziologie und Sozialpsychologie. 37, 1-29

Krappmann, L. (1997),Die Identitätsproblematik nach Erikson aus einer interaktionistischen Sicht. In: Keupp, H./Höfer, R. (Hg.), Identitätsarbeit heute. Klassische und aktuelle Perspektiven der Identitätsforschung. Frankfurt am Main: Suhrkamp, S. 66-92

Kraus, W./Mitscherlich, B. (1997), Abschied vom Großprojekt. Normative Grundlagen der empirischen Identitätsforschung in der Tradition von James E. Garcia und die Notwendigkeit ihrer Reformulierung. In: Keupp, H./Höfer, R. (Hg.), Identitätsarbeit heute. Klassische und aktuelle Perspektiven der Identitätsforschung. Frankfurt am Main: Suhrkamp, S. 149-173

Kraus, W. (2000), Identitäten zum Reden bringen. Erfahrungen mit qualitativen Ansätzen in einer Längsschnittstudie. In: Forum Qualitative Sozialforschung, (Online Journal)1 (2). Verfügbar über: http://qualitative-research.net

Krüger, H.H./Grunert, C. (2002), Geschichte und Perspektive der Kindheits- und Jugendforschung. In: Krüger, H.H./Grunert, C. (Hg.), Handbuch Kindheits- und Jugendforschung. Opladen: Leske + Budrich, S. 11-42

Krüger, H.-H./Marotzki, W. (1995), Erziehungswissenschaftliche Biografieforschung. Opladen: Leske+Budrich

Kuhn, T. (1989), Die Struktur wissenschaftlicher Revolutionen. Frankfurt: Suhrkamp

Kühnlein, I. (1995), Spuren einer stationären Psychotherapie in den Biografiekonstruktionen und den Handlungsorientierungen der Betroffenen. In: Hoerning, E./Corsten, M. (Hg.), Institution und Biografie. Die Ordnung des Lebens. Pfaffenweiler: Centaurus, S. 193-205

Laewen, H.-J./Andres, B. (Hg.) (2002), Bildung und Erziehung in der frühen Kindheit. Weinheim, Berlin, Basel: Beltz

Latour, B. (1998), Wir sind nie modern gewesen. Versuch einer symmetrischen Anthropologie. Frankfurt am Main: Fischer

Lehmkuhl, U. (1990), Entwicklung und Individuation. In: Beiträge zur Individualpsychologie. Band 14. München: Reinhardt

Lippitz, W. (2001), Die biographische Perspektive auf das Kind – aus phänomenologisch-erziehungswissenschaftlicher Sicht. In: Behnken, I./Zinnecker, J. (Hg.), Kinder.Kindheit.Lebensgeschichte. Ein Handbuch. Seelze-Velber: Kallmeyersche Verlagsbuchhandlung, S. 143-162

Loewald, H. (1978), Psychoanalysis and the History of the Individual. Yale University

Lüscher, K. (2002), Kinderpolitik: Mit Ambivalenzen verantwortungsbewusst umgehen. In: Oswald, H./Uhlendorff, H. (Hg.), Wege zum Selbst. Soziale Herausforderungen für Kinder und Jugendliche. Stuttgart: Lucius&Lucius, S. 321-343

Mayall, B. (2001), Introduction. In: Alanen, L./Mayall, B. (Hg.), Conzeptualizing Child-Adult Relations. New York: RoutledgeFalmer, S. 1-10

Mead, G.H. (1973), Geist, Identität und Gesellschaft. Frankfurt am Main: Suhrkamp

Merleau-Ponty, M. (1966), Phänomenologie der Wahrnehmung. Berlin: de Gruyter

Mierendorff, J./Olk, T. (2002), Gesellschaftstheoretische Ansätze. In: Krüger, H.H./Grunert, C. (Hg.), Handbuch Kindheits- und Jugendforschung. Opladen: Leske + Budrich, S. 117-142

Mills, J. (Hg.) (2005), Relational and intersubjective perspectives in psychoanalysis: a critique. Oxford: Aronson

Mitschell, S.A. (2003), Bindung und Beziehung. Auf dem Weg zu einer relationalen Psychoanalyse. Gießen: Psychosozial-Verlag

Nestvogel, R. (2006), Sozialisation(stheorien) in interkultureller Perspektive am Beispiel eines Forschungsprojekts zu Afrikanerinnen in Deutschland. In: Bilden, H./Dausien, B. (Hg.), Sozialisation und Geschlecht. Theoretische und methodologische Aspekte. Opladen: Leske + Budrich, S. 257-274

Nietzsche, F. (2005), Menschliches, Allzumenschliches. Kritische Studienausgabe. Herausgegeben von Giorgio Colli und Mazzino Montinari. München: dtv

Pongratz, L. (1984), Problemgeschichte der Psychologie. München: Francke

Proske, M. (2003), Pädagogische Kommunikation in der Form Schule. In: Nittel, D./Seitter, W. (Hg.), Die Bildung des Erwachsenen. Erziehungs- und sozialwissenschaftliche Zugänge. Bielefeld, wbv, S. 143-164

Rendtorff, B. (2006), Zur Bedeutung von Geschlecht im Sozialisationsprozess. Reale, imaginäre und symbolisch-politische Dimensionen des Körpers. In: Bilden, H./Dausien, B. (Hg.), Sozialisation und Geschlecht. Theoretische und methodologische Aspekte. Opladen: Leske + Budrich, S. 89-102

Rolff, H.-G./Zimmermann, P. (1997), Kindheit im Wandel. Eine Einführung in die Sozialisation im Kindesalter. Weinheim/Basel: Beltz

Schachtner, C. (1993), Geistmaschine: Faszination und Provokation am Computer. Frankfurt am Main: Suhrkamp

Schachtner, C. (1999), Ärztliche Praxis. Die gestaltende Kraft der Metapher. Frankfurt am Main: Suhrkamp

Schachtner, C. (Hg.) (2004), Das soziale Feld im Umbruch. Professionelle Kompetenz, Organisationsverantwortung, innovative Methoden. Göttingen: Vandenhoeck & Ruprecht

Schachtner, C. (2005), Architektinnen der Zukunft. Kassel: kassel university press GmbH

Schallberger, P. (2003), Identitätsbildung in Familie und Milieu. Frankfurt am Main: Campus

Schäffer, B. (2003), Generation: Ein Konzept für die Erwachsenenbildung. In: Nittel, D./Seitter, W. (Hg.), Die Bildung des Erwachsenen. Erziehungs- und sozialwissenschaftliche Zugänge. Bielefeld, wbv, S. 95-113

Schmidt, H./Schischkoff, G. (1969), Philosophisches Wörterbuch. Stuttgart: Alfred Körner

Schneider, I. (2005), Spurensuche – Tatort Erziehung. Baltmannsweiler: Schneider

Stemmer-Lück, M. (2004), Beziehungsräume in der Sozialen Arbeit. Stuttgart: Kohlhammer

Stern, D. (1993), Tagebuch eines Babys. München: Piper

Seiffert, H./Radnitzky, G. (Hg.) (1992), Handlexikon zur Wissenschaftstheorie. München: dtv

Sontag, S. (1989), Aids und seine Metaphern. München Wien: Carl Hanser

Sontag, S. (2006), Kunst und Antikunst. 24 literarische Analysen. Frankfurt am Main: Fischer

Sontag, S. (2007), At the Same Time. Essays & Speeches. New York: Picador

Stichweh, R. (2005), Inklusion und Exklusion. Studien zur Gesellschaftstheorie. Bielefeld: transcript

Straus, F./Höfer, R. (1997), Entwicklungslinien alltäglicher Identitätsarbeit. In: Keupp, H./Höfer, R. (Hg.), Identitätsarbeit heute. Klassische und aktuelle Perspektiven der Identitätsforschung. Frankfurt am Main: Suhrkamp, S. 270-307

Suchet, M./Harris, A./Aron, L. (Hg.) (2007), Relational Psychoanalysis, Volume III, New Voices. New Jersey: The Analytical Press

Uhlendorff, H./Oswald, H. (Hg.) (2002), Wege zum Selbst. Soziale Herausforderungen für Kinder und Jugendliche. Stuttgart: Lucius & Lucius

Vossenkuhl, W. (1995), Eigenes „Ich". Ein Essay über die menschliche Identität. In: Beck, U./Vossenkuhl, W./Ziegler, Eigenes Leben. Ausflüge in die unbekannte Gesellschaft, in der wir leben. München: Beck

Welsch, W. (1993), Unsere postmoderne Moderne. Berlin: Akademie Verlag

West, C./Zimmermann, D. (1987), Doing Gender. In: Gender & Society, 1, S. 125-151

Wicki, M. (2008), Gleichzeitig-Ungleichzeitig. Stabilität und Wandel von Vorstellungen über Kindheit, Jugend und Generationsbeziehungen. Bern: Peter Lang

Winnicott, D.W. (1995), Vom Spiel zur Kreativität. Stuttgart: Klett-Cotta

Witte, K.H. (1991), Wie wurde ich, der ich bin? – Alfred Adlers Lehre von der Ichbildung. In: Ahrens, T./Lehmkuhl, U. (Hg.), Entwicklung und Individuation. München: Reinhardt, S. 42-53

Zeiher, H./Büchner, P./Zinnecker, J. (Hg) (1996), Kinder als Außenseiter. Umbrüche in der gesellschaftlichen Wahrnehmung von Kindern und Kindheit. Weinheim und München: Juventa

Zinnecker, J. (1996), Soziologie der Kindheit oder Sozialisation des Kindes? – Überlegungen zu einem aktuellen Paradigmenstreit. In: Honig, M.-S./Leu, H.R./Nissen, U. (Hg.), Kinder und Kindheit. Soziokulturelle Muster – sozialisationstheoretische Perspektiven. Weinheim und München: Juventa, S. 31-54

Zizek, S. (1999), Liebe Deinen Nächsten? Nein Danke! Die Sackgasse des Sozialen in der Postmoderne. Berlin: Verlag Volk und Welt

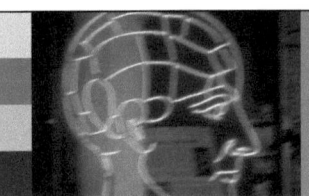

MIX
Papier aus verantwortungsvollen Quellen
Paper from responsible sources
FSC® C105338

If you have any concerns about our products,
you can contact us on
ProductSafety@springernature.com

In case Publisher is established outside the EU,
the EU authorized representative is:
**Springer Nature Customer Service Center GmbH
Europaplatz 3, 69115 Heidelberg, Germany**

Printed by Libri Plureos GmbH
in Hamburg, Germany